100% EXCELLENT !

Ce livre est une adaptation de recettes parues dans le journal **Astrapi**

Recettes : Bruno Muscat, Delphine Saulière, Anne-Sophie Chilard, Laure Bazantay, Marie-Cécile Roca, Françoise Legrand, Catherine Peugeot, Isabelle Rigal, Anne Picq, Clotilde Berlencourt, Stéphanie Janicot, Géraldine Perrot

Illustrations : Henri Fellner
avec Catherine Proteaux et David de Thuin (les conseils d'Omar Miton)

Réalisation et photographies : Ann et Bruno Jarret

Conception graphique : Sophie Joncoux

BAYARD JEUNESSE

Les conseils très futés d'Omar Miton

assaisonnement

Comment assaisonner un plat ?

1 Ne mets pas trop de sel. C'est beaucoup plus facile de rajouter du sel que d'en enlever…

2 Mets le poivre à la fin de la cuisson, et non pas au début. Sinon, il perd tout son goût !

légumes

Comment couper les légumes en morceaux ?

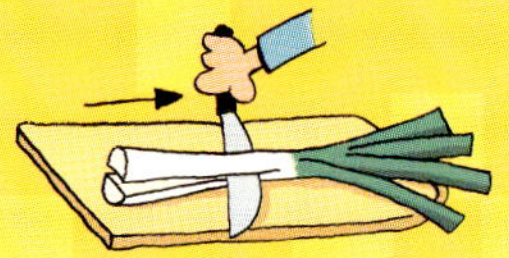

1 Nettoie bien les légumes avant de les cuisiner. Coupe toujours les légumes sur une planche à découper.

2 Coupe d'abord les légumes en deux dans le sens de la longueur, mais pas jusqu'au bout. Puis coupe-les en tranches. Tu gagneras beaucoup de temps !

rôtisserie

Comment éviter la fumée quand on rôtit de la viande ?

Pour éviter la fumée désagréable que dégage la viande qui cuit dans un four, il suffit de mettre un peu d'eau au fond du plat.

légumes

Comment éplucher un oignon ?

1 Pas facile d'éplucher des oignons sans pleurer…

2 Pour éviter les larmes, il suffit de les éplucher sous l'eau du robinet !

rôtisserie

Comment faire chauffer du beurre ?

1 Mets un peu d'huile avec le beurre dans ta casserole ou ta poêle pour qu'il ne brûle pas.

2 Ne laisse jamais le beurre devenir noir.

assaisonnement

Quand ajouter des herbes à un plat ?

1 Si les herbes sont sèches, ajoute-les à ton plat en début de cuisson. Ça permet de bien le parfumer !

2 Si les herbes sont fraîches, ajoute-les en fin de cuisson. Ainsi, elles gardent tout leur goût !

légumes

Comment préparer des légumes secs ?

1 Fais tremper les haricots secs ou les fèves sèches dans de l'eau pendant douze heures avant de les cuisiner.

2 Fais tremper les lentilles pendant deux heures seulement.

Les entrées

Les plats

Les desserts

desserts
Comment beurrer un moule à gâteau ?

1 Prends un morceau de beurre avec du papier absorbant. Frotte le moule avec.

2 Mets ensuite deux cuillerées à soupe de sucre. Fais tourner le moule en le tapotant pour bien répartir le sucre. Ça te permet de voir si tu as bien beurré partout !

œufs
Comment séparer le jaune et le blanc d'un œuf ?

1 Casse doucement la coquille de l'œuf sur le rebord d'un bol.

2 Fais passer lentement le jaune d'une demi-coquille à l'autre en laissant le blanc glisser dans le bol. Recommence plusieurs fois.

desserts
Comment étaler une pâte à tarte ?

1 Nettoie bien la table. Mets un peu de farine dessus. Pose la pâte. Mets un peu de farine sur la pâte et étale-la dans toutes les directions avec ton rouleau.

2 Roule-la autour du rouleau pour la porter et la poser plus facilement dans le plat.

œufs
Comment battre des blancs d'œufs en neige ?

1 Sépare les blancs des jaunes. Ajoute une pincée de sel aux blancs pour qu'ils gonflent bien.

2 Bats les blancs dans un saladier avec un batteur électrique jusqu'à ce qu'ils soient fermes comme de la mousse à raser !

desserts
Comment cuire une pâte à tarte ?

Pique la pâte avec une fourchette avant de garnir la tarte. Ça permet à la pâte de mieux cuire.

œufs
Comment savoir si un œuf est frais ?

1 Pour savoir si un œuf est frais, plonge-le dans l'eau.

2 S'il reste bien au fond de l'eau, c'est qu'il est frais. S'il remonte, ne t'en sers pas !

desserts
Comment mesurer facilement ?

1 Une cuillerée à soupe plate = 15 grammes de sucre en poudre ou 10 grammes de farine.

2 Quatre pots de yaourt = 1/2 litre d'eau ou de lait.

desserts
Comment éviter les grumeaux ?

1 Quand tu fais un gâteau, tamise la farine en la faisant passer à travers une passoire.

2 Ça permet de rendre la farine plus fine et d'éviter ainsi des grumeaux dans la pâte.

Les entrées

La salade des îles

Pour 6 personnes

1 *salade*
2 *avocats*
200 g *de crevettes décortiquées*
1/2 *cuillerée à café de moutarde*
2 *pamplemousses*
2 *oranges*
1 *citron*
quelques olives noires
du sel, du poivre, de l'huile

Le truc en plus

Pour que les avocats ne noircissent pas tout de suite, arrose-les de jus de citron.

1 Coupe la queue de la salade. Détache les feuilles, lave-les bien sous l'eau froide et égoutte-les.

2 Pèle les oranges et les pamplemousses, coupe-les en rondelles. Épluche les avocats et coupe la chair en cubes.

3 Dans un saladier, dispose les feuilles de salade, les rondelles de fruits, les cubes d'avocat, les crevettes et les olives.

4 Pour faire la sauce, presse le citron. Ajoute la moutarde au jus de citron, puis le sel, le poivre et une cuillerée d'huile. Mélange bien.

Les tartinosaures

Pour 2 personnes

2 *tranches de pain de campagne*
2 *petites tomates*
2 *tranches de jambon cru*
1 *fromage de chèvre rond*
de l'huile d'olive
du poivre, du thym

Le truc en plus

Tu peux peler un oignon, le découper en rondelles et l'ajouter sur les tomates.

1 Allume le four à 200 °C (th. 6). Pose les tranches de pain dans un plat. Étale une demi-cuillerée à café d'huile sur chaque tranche.

2 Lave les tomates. Essuie-les et coupe-les en rondelles. Découpe le fromage en quatre rondelles.

3 Pose les rondelles de tomate sur le pain. Pose une tranche de jambon et deux rondelles de fromage de chèvre sur chaque tartine.

4 Verse une demi-cuillerée à café d'huile sur chaque tartine. Ajoute une pincée de poivre et deux pincées de thym. Mets les tartines 15 minutes au four.

Les bouchées au thon

Pour 4 personnes

1 *concombre*
1 *boîte de thon au naturel de 120 g*
2 *cuillerées à soupe de crème fraîche*
1 *cuillerée à soupe d'huile d'olive*
1/2 *citron*
15 *brins de ciboulette*
des tomates cerises
du sel et du poivre

Le truc en plus

Ajoute une cuillerée à café de moutarde dans la crème de thon. C'est délicieux !

1 Lave le concombre et les tomates. Pèle le concombre en laissant des bandes de peau. Hache la ciboulette et presse le demi-citron.

2 Mixe ensemble le thon, la crème, le jus de citron et l'huile d'olive. Ajoute la ciboulette, le sel et le poivre et mélange.

3 Découpe le concombre en morceaux égaux. Pose ces morceaux dans une assiette et creuse-les bien avec une petite cuillère.

4 Remplis les morceaux avec la crème de thon. Pose une tomate sur chaque morceau. Mets l'assiette 2 heures au réfrigérateur.

La salade de poulet

Pour 4 personnes

- **2** escalopes de poulet
- **3** oranges et **1** citron
- **1/2** verre de raisins secs
- **1/2** verre de pignons de pin
- quelques feuilles de salade
- **1** noisette de beurre
- **2** cuillerées à soupe d'huile d'olive
- **1** cuillerée à soupe de vinaigre
- **1** cuillerée à café de moutarde

Le truc en plus

Saupoudre les escalopes de poulet avec un peu de cumin en poudre. C'est très bon !

1 Presse le citron et une orange. Mets le jus avec les raisins secs dans une casserole. Fais chauffer à feu doux pendant 5 minutes. Égoutte les raisins.

2 Fais fondre le beurre dans une poêle à feu moyen. Fais cuire le poulet 5 minutes de chaque côté. Laisse-le refroidir puis coupe-le en morceaux.

3 Épluche deux oranges, sépare les quartiers et enlève la peau blanche autour. Lave et découpe les feuilles de salade.

4 Mélange l'huile, le vinaigre, la moutarde, le sel et le poivre dans un saladier. Ajoute la salade, le poulet, les pignons, les oranges et les raisins. Mélange bien.

Les chaussons de chèvre

Pour 4 chaussons

1 pâte feuilletée déjà étalée
1 fromage de chèvre frais de 200 g
de l'huile d'olive
du thym, du sel et du poivre

Le truc en plus

Bats un jaune d'œuf dans un verre puis étale-le sur les chaussons. Ils seront tout dorés !

1 Allume le four à 200 °C (th.6). Étale la pâte sur une plaque avec le papier dessous. Coupe la pâte en quatre.

2 Coupe le fromage en quatre. Pose un morceau de fromage sur chaque quart de pâte.

3 Mets une cuillerée à café d'huile, une pincée de thym, une de sel et une de poivre sur chaque part.

4 Plie la pâte en deux pour fermer les chaussons. Replie bien les bords. Mets au four 25 minutes.

Les tomates au pistou

Pour 4 personnes

4 *grosses tomates bien mûres*
4 *cuillerées à soupe d'huile d'olive*
1 *cuillerée à soupe de vinaigre*
1 *cuillerée à soupe de parmesan râpé*
12 *feuilles de basilic frais*
du sel et du poivre

Le truc en plus

Rajoute dans le hachoir une cuillerée à soupe de pignons de pin. C'est magique !

1 Allume le four à 200 °C (th. 6). Avec un couteau, enlève la queue et fais une croix jusqu'à la moitié de chaque tomate.

2 Pour faire le pistou, mixe ensemble avec un hachoir électrique, le parmesan, le basilic, l'huile, le vinaigre, le sel et le poivre.

3 Pose les tomates dans un plat. Mets-le 20 minutes au four puis sors-le. Attends une demi-heure que les tomates refroidissent.

4 Enlève la peau des tomates. Pose-les sur une assiette et arrose-les avec le pistou. Remets 5 minutes dans le four tiède avant de servir.

La quiche sans pâte

Pratique à congeler + on peut rajouter des légumes.

Pour 6 personnes

150 g *de lardons*
3 *œufs*
1/2 l *de lait*
100 g *de farine*
100 g *de gruyère râpé*
du sel et du poivre

1 Allume ton four à 220 °C (th. 7). Fais revenir les lardons à feu doux dans une poêle. Éteins le feu quand ils sont bien dorés.

2 Bats les trois œufs dans un saladier, puis ajoute le lait et mélange bien. Ajoute une pincée de sel et de poivre.

3 Verse la farine petit à petit sans cesser de remuer pour qu'elle ne fasse pas de grumeaux.

4 Quand tu obtiens une pâte un peu liquide, ajoute le gruyère râpé, puis les lardons. Mélange à nouveau.

5 Verse ton mélange dans un plat à tarte bien beurré et fais cuire 40 minutes.

La soupe aux haricots

Pour 4 personnes

2 *verres de haricots blancs secs*
500 g *de haricots verts frais ou surgelés*
2 *gousses d'ail*
1,5 l *d'eau*
2 *cuillerées à soupe de crème fraîche*
du gros sel

Le truc en plus
À la place de la crème fraîche, tu peux mettre une pincée de fromage râpé ou un petit carré de fromage fondu.

1 La veille de faire la soupe, fais tremper les haricots blancs pour les rendre plus digestes : mets-les dans un bol et couvre-les d'eau froide.

2 Le lendemain, rince les haricots blancs. Pèle les gousses d'ail. Fais chauffer l'eau dans une casserole avec le gros sel.

3 Quand l'eau bout, baisse le feu, puis jette dedans les haricots blancs, les haricots verts et l'ail. Fais cuire trois quarts d'heure.

4 Enlève les légumes en gardant l'eau de cuisson. Mixe-les avec la crème. Rajoute de l'eau de cuisson pour rendre la soupe plus ou moins liquide.

Les croque-soleil

Pour 4 personnes

8 *tranches de pain de mie*
2 *tomates*
2 *boules de mozzarella*
8 *cuillerées à soupe d'huile d'olive*
16 *feuilles de basilic*
du sel et du poivre

1 Étale une cuillerée à soupe d'huile sur chaque tranche de pain. Mets du papier sulfurisé sur la plaque du four. Pose quatre tartines dessus.

2 Allume le four à 200 °C (th. 6). Lave les tomates et le basilic. Essuie-les. Coupe les tomates et la mozzarella en tranches très fines.

3 Couvre les quatre tartines de mozzarella, de tomate et de basilic. Sale, poivre et couvre avec les quatre autres tartines. Presse un peu les croque-soleil.

4 Mets la plaque avec les croque-soleil au four 10 minutes. Coupe les croque-soleil en quatre avant de les servir.

Le truc en plus

Accompagne tes croque-soleil d'une petite salade verte.

La salade de pâtes

Pour 4 personnes

150 g *de pâtes torsadées*
200 g *de saumon cru*
1 *grosse tomate*
1/2 *poivron rouge*
1 *cuillerée à soupe de vinaigre*
1 *cuillerée à soupe d'huile d'olive*
1 *petit pot de de crème fraîche*
10 *feuilles de basilic*
du sel et du poivre

1 Épluche la tomate. Nettoie le basilic et le poivron. Coupe la tomate, le poivron et le basilic en petits morceaux. Coupe le saumon en petits dés.

2 Dans un saladier, mélange la tomate, le poivron, le saumon, le vinaigre et l'huile. Puis ajoute la crème.

3 Fais chauffer une casserole d'eau avec un peu de gros sel. Quand l'eau bout, mets les pâtes dedans et fais-les cuire le temps indiqué sur le paquet.

4 Égoutte les pâtes et mets-les dans le saladier. Ajoute le basilic et assaisonne avec une pincée de sel et de poivre. Laisse refroidir avant de déguster !

Le truc en plus

Ajoute une cuillerée à soupe de câpres à ta salade. Ça relève son goût !

Les petits farcis

Pour 4 personnes

3 *aubergines*
8 *petites tomates*
2 *poivrons rouges*
3 *chipolatas*
1 *œuf*
4 *cuillerées à soupe d'huile d'olive*
15 *feuilles de basilic*
10 *brins de persil*
1 *morceau de pain sec*
1 *cuillerée à soupe de parmesan*
du poivre

1 Lave les légumes. Coupe les poivrons en quatre, enlève la tige et les pépins.

2 Enlève la peau des chipolatas. Mets la chair dans un saladier. Ajoute l'œuf, l'huile, le parmesan et le poivre.

3 Hache le pain, le persil et le basilic. Ajoute le tout à la chair à saucisse et pétris bien avec le bout des doigts.

4 Recouvre la plaque du four de papier sulfurisé. Dispose les légumes dessus. Pose un peu de farce sur chacun. Mets les légumes au four pendant 30 minutes à 200 °C (th. 6).

La soupe verdurette

Pour 4 personnes

2 *fromages à tartiner*
4 *courgettes moyennes*
3 *brins de persil*
du sel et du poivre

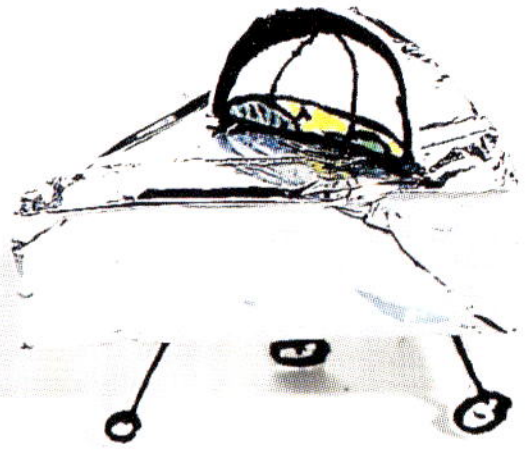

Le truc en plus
Tu peux ajouter dans l'eau de cuisson un cube de bouillon aux herbes de Provence.

1 Lave les courgettes à l'eau froide. Coupe-les en rondelles et mets-les dans une casserole.

2 Recouvre les courgettes avec de l'eau. Sale et poivre. Mets à cuire à feu vif. Dès que l'eau bout, baisse le feu et laisse cuire 20 minutes.

3 Quand c'est cuit, enlève la casserole du feu. Mixe bien les courgettes avec la moitié de l'eau de cuisson.

4 Ajoute les fromages à tartiner. Mélange bien pour faire fondre le fromage, rallume un peu le feu s'il le faut. Décore avec du persil.

Les allumettes au fromage

Pour 40 allumettes

240 g *de farine*
120 g *de gruyère râpé*
120 g *de beurre mou*
4 *petits-suisses*
1 *jaune d'œuf*
du sel

Le truc en plus
Tu peux ajouter des petits morceaux de jambon à la pâte, ou des anchois, si tu aimes ça.

1 Mélange les petits-suisses, la farine, le beurre, le gruyère et le sel dans un saladier pour obtenir une pâte lisse. Mets au frais une demi-heure.

2 Mets de la farine sur la table. Étale la pâte avec un rouleau saupoudré de farine.

3 Recouvre la plaque du four de papier d'aluminium. Découpe la pâte en rectangles, pose-les sur la plaque. Recouvre-les avec le jaune d'œuf.

4 Allume le four à 180 °C (th. 5). Quand il est chaud, mets la plaque dedans pendant 25 minutes. Tes allumettes sont prêtes !

La terrine de saumon

Pour 6 personnes

6 *courgettes*
300 g *de saumon cru*
4 *œufs*
1 *pot moyen de crème fraîche*
3 *cuillerées à soupe de gruyère*
1 *noisette de beurre*
du sel et du poivre

1 Beurre un moule à cake. Lave les courgettes. Coupe-les en morceaux, mets-les dans une grande casserole d'eau salée et fais-les cuire 25 minutes à feu vif.

2 Bats ensemble les œufs, la crème fraîche, le gruyère, le sel et le poivre dans un saladier. Écrase les courgettes dans une passoire et mélange-les aux œufs.

3 Allume le four à 200 °C (th. 6). Coupe le saumon en grosses bandes. Verse la moitié du saladier dans le moule et pose les bandes de saumon sur les courgettes.

4 Verse le reste du saladier dans le moule. Mets au four pendant 50 minutes. Laisse refroidir la terrine et démoule-la juste avant de la servir.

Les pique-sioux

Pour 4 personnes

2 *tranches de jambon blanc*
2 *fromages à tartiner*
4 *tranches de saumon fumé*
10 *rondelles de concombre*
5 *tomates cerises*
5 *tranches de pain de mie*
du fromage blanc
des fines herbes
du sel et du poivre
des cure-dents

1 Étale une couche de fromage à tartiner sur le jambon. Enroule chaque tranche de jambon en serrant bien.

2 Coupe le rouleau en cinq morceaux. Plante un cure-dent dans chaque petit rouleau pour le maintenir fermé. Mets au frais.

3 Coupe les tranches de pain de mie en deux triangles. Découpe le saumon fumé en dix triangles. Mélange le fromage blanc et les fines herbes.

4 Étale le fromage blanc sur le pain de mie. Pose dessus le saumon, une rondelle de concombre et une demi-tomate cerise.

Les œufs en brioche

Pour 4 personnes

4 *brioches*
4 *œufs*
1 *noisette de beurre*
4 *cuillerées à soupe de crème fraîche*
125 g *de fromage râpé*
du sel et du poivre

Le truc en plus

Pour parfumer tes œufs, tu peux ajouter de la ciboulette hachée avant de les mettre au four.

1 Enlève les chapeaux des brioches. Mets-les de côté. Creuse délicatement l'intérieur de chaque brioche avec une petite cuillère.

2 Beurre un plat qui va au four. Installe tes brioches dedans. Dépose ensuite une cuillerée de crème fraîche au fond de chacune.

3 Casse un œuf dans chaque brioche. Sale, poivre et saupoudre de fromage râpé.

4 Fais cuire au four à 200 °C (th. 6), pendant 10 minutes. Au moment de servir, pose un chapeau sur chaque brioche.

La croq'salade

Pour 4 personnes

500 g *de haricots verts*
1 *bouquet de coriandre fraîche*
1 *betterave cuite*
20 *tomates cerises*
2 *cuillerées à soupe d'huile d'olive*
2 *cuillerées à café de vinaigre*
du sel et du poivre

Le truc en plus

Pour donner un goût vraiment original à ta salade, ajoute du gouda au cumin coupé en cubes.

1 Fais chauffer de l'eau avec du gros sel dans une casserole. Quand elle bout, jette les haricots verts dedans. Fais cuire 7 minutes et égoutte.

2 Coupe la betterave en petits carrés, mets-les dans un saladier. Lave la coriandre, sèche-la dans un torchon puis effeuille-la dans le saladier.

3 Coupe en deux les tomates cerises, mets-les dans le saladier ainsi que les haricots verts refroidis.

4 Fais la sauce en mélangeant l'huile, le vinaigre, le sel et le poivre. Arrose ta salade avec, juste avant de servir.

La chorba du génie

Pour 4 personnes

2 *côtelettes d'agneau*
1 *carotte*
500 g *de pulpe de tomate en conserve*
1 *bâton de cannelle*
1/2 *botte de coriandre*
1 *cuillerée à soupe d'huile d'olive*
1/2 *verre de pois chiches en conserve*
1/2 *verre de blé à cuire*

Le truc en plus

Sers la chorba dans une assiette creuse, arrosée d'un jus de citron. C'est comme cela que l'on fait dans les pays d'Afrique du Nord.

1 Enlève l'os des côtelettes avec un couteau. Coupe la viande en petits dés.

2 Épluche et coupe la carotte en fines tranches. Lave les feuilles de coriandre. Coupe-les avec des ciseaux au-dessus d'un verre.

3 Dans une cocotte, fais cuire la viande dans l'huile à feu vif pendant 5 minutes. Rajoute la carotte, la pulpe de tomate et les pois chiches.

4 Mets la coriandre, le blé et la cannelle. Verse un litre et demi d'eau. Sale et poivre. Remue et fais cuire une heure à feu doux.

Les bricks au fromage

Pour 4 personnes

1 *paquet de bricks*
1 *tomate*
1 *fromage de chèvre long*
de l'estragon
de l'huile d'olive
du sel et du poivre

1 Détache un brick du paquet. Empile au milieu une tranche fine de tomate et une tranche épaisse de fromage de chèvre.

2 Ajoute un peu d'estragon, une goutte d'huile d'olive, du sel et du poivre.

3 Plie le brick comme pour faire une enveloppe. Prépare ainsi huit bricks. Pose-les sur la plaque du four.

4 Fais chauffer ton four à 220 °C (th. 7). Mets tes bricks à cuire 5 à 7 minutes pour qu'ils soient croquants.

Le truc en plus

Tu peux remplacer les bricks par de la pâte feuilletée. Colle deux petits carrés de pâte bord à bord avec un peu d'eau. Fais cuire 10 minutes au four.

Le pamplemousse fourré

Pour 4 personnes

2 *pamplemousses*
1 *avocat*
100 g *de crevettes décortiquées*
2 *cuillerées à soupe de crème fraîche*
1 *cuillerée à café de moutarde forte*
du sel et du poivre

1 Coupe les pamplemousses en deux. Enlève la chair avec un couteau pointu. Garde les écorces.

2 Enlève les peaux de la chair des pamplemousses. Coupe-la en petits morceaux.

3 Épluche l'avocat. Coupe-le en petits morceaux. Dans un saladier, mets les crevettes, l'avocat et le pamplemousse.

4 Mélange la crème, la moutarde, le sel et le poivre. Verse dans le saladier et mélange. Remplis-en les écorces. Sers frais !

La salade de champignons

Pour 4 personnes

250 g *de champignons de Paris très frais*
1 *échalote*
2 *cuillerées à soupe d'huile d'arachide*
1 *cuillerée à café de moutarde*
du persil
le jus d'un citron
du sel

1 Lave vite les champignons, sans les laisser s'imbiber d'eau. Assure-toi qu'il ne reste pas de sable. Sèche-les dans un torchon.

2 Coupe le pied des champignons, puis découpe-les en fines lamelles. Coupe finement le persil dans un verre avec des ciseaux.

3 Épluche l'échalote et coupe-la en fines rondelles. Mets les champignons, l'échalote et le persil dans un saladier.

4 Dans un bol, mets la moutarde, le jus de citron, l'huile et le sel. Mélange. Verse cette sauce dans le saladier et mélange. Sers tout de suite !

Le taboulé vert

Pour 4 personnes

2 *cuillerées à soupe de semoule de couscous*
2 *cuillerées à soupe d'huile d'olive*
2 *bouquets de persil plat*
1 *bouquet de menthe*
1 *tomate*
1/2 *concombre*
1/2 *oignon*
3 *citrons*
du sel et du poivre

1 Épluche le concombre et l'oignon. Lave la tomate et enlève la queue. Coupe le concombre, la tomate et l'oignon en tout petits morceaux et verse dans un saladier.

2 Détache toutes les feuilles de persil et de menthe. Hache-les très finement. Ajoute-les aux crudités dans le saladier.

3 Presse les citrons. Mets le jus de citron dans un bol. Verse l'huile d'olive et mélange.

4 Saupoudre les crudités de semoule. Verse le contenu du bol dessus. Sale et poivre. Mélange bien et mets au réfrigérateur pendant une demi-journée.

Le minestrone

Pour 4 personnes

2 *carottes*
2 *courgettes*
2 *pommes de terre*
1/2 *verre de coquillettes*
1 *cube de bouillon de volaille*
3 *cuillerées à café de pesto (une sauce italienne)*
1/2 *verre de haricots blancs*
3 *cuillerées à soupe d'huile d'olive*
1 *oignon*
du sel et du poivre

Le truc en plus

Saupoudre le minestrone avec du parmesan râpé. C'est délicieux !

1 Fais tremper les haricots dans de l'eau pendant une nuit. Puis égoutte-les.

2 Lave et épluche tous les autres légumes. Coupe-les en petits morceaux.

3 Mélange dans une cocotte les légumes, l'huile, un litre d'eau et le cube de bouillon. Fais cuire 1 h 30 à feu doux.

4 Ajoute les coquillettes, le pesto, le sel et le poivre et fais cuire un quart d'heure. C'est prêt !

La salade d'endives

Pour 4 personnes

4 *endives*
2 *kiwis*
6 *rondelles de chèvre frais*
3 *cuillerées à soupe d'huile d'olive*
le jus d'un citron
de la ciboulette fraîche
du sel et du poivre

Le truc en plus

Tu peux remplacer l'huile par un yaourt bien battu avec une cuillerée à café de moutarde.

1 Passe les endives sous l'eau et égoutte-les. Coupe-les en petits morceaux et enlève le bout dur. Mets-les dans un saladier.

2 Pèle les kiwis. Coupe-les en rondelles, puis coupe ces rondelles en quatre. Fais la même chose avec les rondelles de chèvre.

3 Ajoute le chèvre et les kiwis coupés aux endives. Mélange doucement et saupoudre avec des petits bouts de ciboulette.

4 Dans un bol, mélange bien le jus de citron, l'huile, le sel et le poivre. Verse dans le saladier et mélange. Sers bien frais.

La salade aux noix

Pour 4 personnes

10 *feuilles de salade « feuille de chêne »*
2 *gros champignons de Paris*
10 *cerneaux de noix*
50 g *de lardons*
50 g *de fromage de comté*
1 *cuillerée à café de moutarde*
du sel, du poivre, de l'huile et du vinaigre

Le truc en plus

Tu peux ajouter un œuf dur ou mollet (cuit six minutes) coupé en morceaux.

1 Détache les chapeaux des champignons. Lave la salade et les chapeaux et sèche-les dans un torchon.

2 Coupe les chapeaux des champignons en lamelles et le comté en dés. Mets-les dans un saladier avec les noix et la salade.

3 Fais chauffer une poêle. Verses-y les lardons et laisse cuire pendant 6 minutes. Ajoute-les à la salade.

4 Mélange deux cuillerées d'huile, deux de vinaigre, la moutarde, le sel et le poivre. Verse sur la salade et mélange bien.

Le tzatziki

Pour 4 personnes

1 *concombre*
1 *citron*
1 *pot de fromage blanc de 500 g*
3 *cuillerées à soupe d'huile d'olive*
du gros sel, du poivre et du paprika

1 Épluche le concombre. Râpe-le dans une passoire et mélange-le avec deux pincées de gros sel.

2 Laisse dégorger le concombre une demi-heure dans la passoire puis rince-le bien.

3 Presse le citron. Mélange le jus de citron avec l'huile et une pincée de poivre dans un saladier.

4 Ajoute le fromage blanc et le concombre. Mélange bien, saupoudre de deux pincées de paprika et sers très frais !

Le truc en plus

Si tu aimes l'ail, tu peux ajouter une gousse hachée.

La salade grecque

Pour 4 personnes

1/2 *concombre*
1/2 *poivron vert*
1 *grosse tomate*
110 g *de féta (fromage grec)*
1/2 *verre d'olives noires*
3 *cuillerées à soupe d'huile d'olive*
1 *citron*
du poivre

1 Lave la tomate et le demi-poivron. Épluche le concombre. Presse le citron.

2 Coupe la tomate, la féta, le concombre et le demi-poivron en petits dés.

3 Mets tous ces ingrédients dans un saladier.

4 Ajoute les olives, le jus de citron, l'huile d'olive et une pincée de poivre. Mélange bien. Ta salade est prête !

Les brochettes d'automne

Pour 4 personnes

2 *tranches de pain d'épice*
8 *grains de raisin blanc*
8 *grains de raisin noir*
1 *petit fromage de chèvre frais*
100 g *d'emmental*
4 *pique-brochettes*

1 Coupe chaque tranche de pain d'épice en quatre. Découpe le morceau d'emmental en huit dés identiques. Lave les raisins. Coupe le fromage de chèvre en quatre.

2 Sur chaque pique, enfile dans l'ordre : un raisin blanc, un dé d'emmental, un cube de pain d'épice, un raisin noir, un quart de fromage de chèvre, un cube de pain d'épice, un raisin blanc, un dé d'emmental et un raisin noir.

Le truc en plus

Tu peux servir tes brochettes avec une salade aux noix.

La salade fromagère

Pour 4 personnes

__1__ barquette de mâche
__1__ grappe de raisin
__150 g__ de gruyère
__150 g__ de mimolette
__1/2__ bûche de chèvre
__1__ petite brique de crème fraîche
__2__ cuillerées à café de moutarde
__1__ cuillerée à soupe de ciboulette hachée
du sel, du poivre et du citron

1 Passe les feuilles de mâche sous l'eau et essore-les. Épluche les grains de raisin. Mets le tout dans un saladier.

2 Découpe le gruyère, la mimolette et le chèvre en cubes. Mets-les dans le saladier. Presse le citron.

3 Dans un bol, mélange la crème fraîche et la moutarde. Ajoute le jus de citron et tourne bien : la sauce doit épaissir.

4 Sale et poivre la sauce, puis ajoute la ciboulette. Arrose la salade avec la sauce juste avant de servir.

Le truc en plus

Pour donner un petit goût à ta sauce, ajoutes-y du fromage frais aux herbes ou du roquefort bien écrasé.

La salade rose

Pour 4 personnes

2 *pamplemousses roses*
1 *salade rouge (trévise ou batavia)*
200 g *de mimolette*
2 *cuillerées à soupe de fromage blanc*
1 *cuillerée à café de moutarde*
du jus de citron
du sel et du poivre

1 Lave la salade avec soin et égoutte-la. Mets une vingtaine de feuilles dans un saladier.

2 Épluche les pamplemousses avec un couteau pointu. Enlève la peau autour des quartiers et mets-les dans le saladier.

3 Enlève la croûte de la mimolette et coupe le fromage en dés. Mets les dés dans le saladier.

4 Fais une sauce avec le fromage blanc, la moutarde et un peu de jus de citron (pas trop, le pamplemousse est acide !).

5 Poivre, sale et mélange bien la sauce. Goûte-la et rectifie s'il le faut. Verse la sauce sur la salade au moment de servir.

Les poissons sandwichs

Pour 4 personnes

1 *petite boîte de miettes de thon*
1 *avocat*
12 *grandes tranches de pain de mie*
4 *tranches de mimolette*
1 *citron*
4 *cure-dents*

1 Coupe ton avocat en deux. Enlève la chair avec une cuillère et mets-la dans un bol. Presse le citron.

2 Avec une fourchette, écrase l'avocat et les miettes de thon avec le jus du citron pour en faire une crème.

3 Tartine quatre tranches de pain de mie avec cette crème. Pose dessus une autre tranche de pain de mie, puis une tranche de mimolette.

4 Termine avec une tranche de pain de mie. Découpe les sandwichs en forme de poisson. Pique un cure-dent dans chaque sandwich.

La salade corse

Pour 4 personnes

4 pommes de terre moyennes
1/4 de concombre
5 cuillerées à soupe de brousse (fromage corse de brebis)
1/2 échalote
3 cuillerées à soupe d'huile d'olive
1 cuillerée à soupe de vinaigre
1 cuillerée à café de moutarde
du sel et du poivre

Le truc en plus

Tu peux déguster ta salade corse sur une tartine de pain de mie grillée. C'est encore meilleur !

1 Mets les pommes de terre à cuire pendant 20 minutes dans de l'eau salée bouillante. Fais-les tiédir en les passant sous l'eau froide.

2 Épluche les pommes de terre et le concombre. Coupe-les en tranches très fines.

3 Épluche et hache l'échalote en petits morceaux. Mélange la moutarde et le vinaigre. Ajoute l'huile et l'échalote. Sale et poivre.

4 Mets les rondelles de pommes de terre et de concombre dans un plat. Recouvre le tout avec la brousse et la vinaigrette à l'échalote. C'est prêt.

Le sandwich au concombre

Pour 2 personnes

2 *tranches de pain de mie complet*
1/2 *concombre*
1 *petit-suisse*
5 *brins de ciboulette*
quelques gouttes de vinaigre
du sel et du poivre

1 Lave la ciboulette, sèche-la bien et hache-la. Épluche le demi-concombre et coupe-le en tranches.

2 Mélange le petit-suisse, la ciboulette, le sel et le poivre dans un bol. Mets au réfrigérateur pendant une heure.

3 Tartine une tranche de pain de mie avec le petit-suisse aux herbes et pose six tranches de concombre dessus.

4 Arrose avec un peu de vinaigre et recouvre avec l'autre tranche de pain. Coupe le sandwich en deux.

Le truc en plus

Tu peux ajouter à ton sandwich du jambon cru ou du saumon fumé.

Le velouté de pois cassés

Pour 4 personnes

1 *grand verre de pois cassés*
5 *grands verres d'eau*
1 *carotte*
1 *oignon*
4 *tranches de lard fumé*
2 *cuillerées à soupe de crème fraîche*
2 *brins de thym*
1 *feuille de laurier*
du sel et du poivre

1 Épluche et coupe en morceaux la carotte et l'oignon. Mets-les dans une casserole avec l'eau, le laurier, le thym, le sel et le poivre. Fais cuire 20 minutes à feu vif.

2 Enlève le thym et le laurier avec une fourchette. Ajoute les pois cassés et fais cuire à feu moyen pendant 40 minutes.

3 Enlève la casserole du feu. Mixe ensemble les pois cassés, les morceaux d'oignon et de carotte avec l'eau. Ajoute la crème fraîche et mélange.

4 Fais griller les tranches de lard à la poêle pendant 5 minutes en les remuant. Ajoute-les au velouté. Sers et déguste bien chaud !

Les plats

Les tomates farcies

Pour 4 personnes

1 *saucisse de Toulouse*
1 *steak haché*
4 *grosses tomates*
1/2 *oignon*
1/2 *verre de boulgour*
1/2 *verre d'eau*
du gros sel et du poivre

Le truc en plus
Tu peux remplacer le boulgour par du riz.

1 Préchauffe ton four à 200 °C (th. 6). Étale le boulgour dans un plat. Arrose-le avec l'eau.

2 Épluche l'oignon et coupe-le en morceaux. Découpe le haut des tomates et retire l'intérieur avec une petite cuillère. Retourne-les sur un plat pour qu'elles s'égouttent.

3 Pour faire la farce, mélange l'intérieur des tomates avec la chair de la saucisse, le steak haché, l'oignon, le sel et le poivre.

4 Pose les tomates sur le boulgour. Remplis-les de farce. Pose un couvercle sur chaque tomate. Mets le plat au four pendant une heure.

Le navarin d'agneau

Pour 4 personnes

4 morceaux de collier d'agneau
4 tomates
2 carottes
8 petits navets
1 oignon
1 bouillon-cube
2 cuillerées à soupe d'huile d'olive
du thym et du laurier
du sel et du poivre

Le truc en plus

Pour peler les tomates, trempe-les une minute chacune dans l'eau bouillante.

1 Épluche et coupe en petits morceaux les navets, les tomates, les carottes et l'oignon. Fais fondre le bouillon-cube dans un verre d'eau chaude.

2 Fais chauffer l'huile dans une cocotte à feu moyen. Ajoute l'oignon coupé et laisse-le cuire 5 minutes. Puis mets-le dans une assiette.

3 Fais cuire les morceaux d'agneau pendant 5 minutes dans la cocotte en les retournant.

4 Ajoute les navets, les carottes, les tomates, l'oignon, le thym, le laurier, le sel, le poivre et le bouillon-cube fondu. Recouvre avec un couvercle et fais cuire 2 heures.

La savoureuse purée

Pour 4 personnes

8 *pommes de terre*
1 *verre de lait*
4 *noisettes de beurre*
du sel et du poivre

1 Lave les pommes de terre et mets-les dans une casserole d'eau avec du gros sel. Fais chauffer.

2 Lorsque l'eau bout, laisse cuire les pommes de terre pendant 30 minutes. Puis égoutte-les et arrose-les avec un peu d'eau froide.

3 Épluche les pommes de terre en les tenant avec un torchon. Mets-les dans un saladier et écrase-les soigneusement avec une fourchette.

4 Ajoute le lait, le beurre, une pincée de sel et de poivre. Mélange bien. Verse la purée dans la casserole et réchauffe-la à feu très doux pendant 5 minutes.

Le filet mignon des îles

Pour 4 personnes

1 *filet mignon de 400 g*
1 *boîte d'ananas en tranches de 350 g*
60 g *d'amandes émondées*
1 *gousse d'ail*
1 *cuillerée à soupe d'huile*
2 *cuillerées à soupe d'eau*
du sel et du poivre

1 Saupoudre le filet mignon avec du sel et du poivre. Épluche la gousse d'ail et coupe-la en quatre.

2 Chauffe l'huile dans une cocotte à feu moyen. Ajoute le filet. Pose un couvercle sur la cocotte. Fais dorer le filet 10 minutes de chaque côté.

3 Ajoute l'eau. Ouvre la boîte d'ananas. Enlève le jus et coupe chaque tranche en quatre. Puis verse l'ananas, les amandes et l'ail dans la cocotte.

4 Fais cuire sans couvercle pendant 15 minutes à feu vif en retournant le filet dans le jus. Coupe le filet en tranches fines avant de le servir.

La poêlée des bois

Pour 4 personnes

500 g *de champignons (des pleurotes, des chanterelles ou des champignons de Paris)*
100 g *de lardons*
10 *brins de persil*
du sel et du poivre

1 Passe les champignons sous l'eau. Sèche-les avec un torchon et coupe-les en morceaux s'ils sont gros.

2 Fais cuire les lardons pendant 5 minutes à feu vif dans une poêle. Remue-les de temps en temps avec une cuillère en bois.

3 Ajoute les champignons, le sel et le poivre. Mélange et couvre la poêle. Fais cuire les champignons à feu moyen pendant 25 minutes.

4 Lave et sèche le persil. Hache-le et ajoute-le aux champignons. Laisse cuire sans couvercle pendant 5 minutes.

Les aubergines farcies

Pour 4 personnes

2 *aubergines*
2 *blancs de poulet*
3 *tomates*
100 g *de gruyère râpé*
1 *oignon*
4 *cuillerées à soupe d'huile d'olive*
1 *bouquet de persil plat*

Le truc en plus
Rajoute un poivron rouge coupé en petits dés avec les tomates.

1 Allume le four à 180 °C (th. 5). Coupe les aubergines en deux, creuse-les, pose-les dans un plat et verse une demi-cuillerée d'huile dedans. Mets-les au four 30 minutes.

2 Lave les tomates. Épluche l'oignon. Coupe les tomates, l'oignon, le poulet et la chair des aubergines en petits dés. Hache le persil.

3 Fais chauffer le reste de l'huile dans une poêle à feu doux. Ajoute l'oignon et le poulet, puis, 10 minutes après, les dés d'aubergine, les tomates et le persil.

4 Sale, poivre et fais cuire 20 minutes. Puis répartis le contenu de la poêle dans les aubergines. Saupoudre de gruyère et mets au four 30 minutes.

La marmite du pêcheur

Pour 4 personnes

800 g *de filets de cabillaud et de saumon*
2 *carottes*
3 *oignons*
1 *cuillerée à soupe d'huile*
1 *cube de bouillon de volaille*
1 *feuille de laurier*
1 *cuillerée à soupe de paprika*
1 *petit pot de crème fraîche*
du sel et du poivre

1 Épluche les carottes et les oignons, puis coupe-les en petits morceaux. Fais fondre le cube de bouillon dans un demi-litre d'eau chaude.

2 Mets l'huile et les légumes dans une cocotte. Fais revenir à feu doux pendant 5 minutes. Ajoute le bouillon, le laurier et le paprika.

3 Quand le mélange bout, baisse le feu. Coupe le poisson en morceaux et mets-le dans la cocotte. Sale et poivre.

4 Mets un couvercle et laisse cuire doucement pendant 20 minutes. Puis enlève la feuille de laurier. Ajoute la crème fraîche et mélange.

Le truc en plus

Tu peux servir ce plat avec des pommes de terre cuites à l'eau ou des pâtes fraîches.

Les chaussons de la mer

Pour 4 personnes

1 *pâte feuilletée déjà étalée*
200 g *de filet de cabillaud*
1 *petit pot de crème fraîche*
1 *jaune d'œuf*
du sel et du poivre
de l'estragon

1 Coupe le poisson en petits dés et mets-le dans un grand bol. Ajoute l'estragon, la crème fraîche, le sel et le poivre. Mélange bien.

2 Allume le four à 200 °C (th. 6). Déroule la pâte feuilletée en la laissant sur le papier. Coupe-la en quatre.

3 Verse un peu de préparation sur chaque morceau de pâte. Plie en deux pour faire un chausson. Replie bien les bords.

4 Mélange le jaune d'œuf avec un peu d'eau. Étale-le sur les chaussons avec un pinceau. Mets les chaussons au four pendant 30 minutes.

Les pommes de terre en papillotes

Pour 4 personnes

__4__ grosses pommes de terre
__2__ tranches de saumon fumé
__1__ petit pot de crème fraîche
quelques branches d'aneth
du poivre

Le truc en plus

Ajoute un petit jus de citron sur les pommes de terre avant de les servir et régale-toi !

1 Allume ton four à 220 °C (th. 7). Nettoie bien les pommes de terre et pique-les plusieurs fois avec une fourchette.

2 Enveloppe les pommes de terre dans du papier d'aluminium. Pose-les dans un plat et mets-les au four pendant une heure et demie.

3 Coupe le saumon et l'aneth en petits morceaux. Mélange-les avec la crème et le poivre dans un bol. Sors les pommes de terre du four.

4 Ouvre le papier d'aluminium. Fends les pommes de terre avec un couteau et verse de la crème au saumon sur chacune d'elles.

La purée de carottes

Pour 4 personnes

10 *belles carottes*
2 *grosses pommes de terre*
2 *cuillerées à soupe de crème fraîche*
du gros sel et du poivre

1 Épluche les pommes de terre et les carottes. Rince-les. Coupe-les en tout petits morceaux.

2 Fais chauffer de l'eau dans une grosse casserole. Quand l'eau frémit, mets une pincée de gros sel, les carottes et les pommes de terre. Fais cuire 30 minutes.

3 Égoutte les pommes de terre et les carottes. Écrase-les avec un presse-purée. Remets la purée dans la casserole.

4 Ajoute le poivre et la crème fraîche. Mélange et réchauffe à feu très doux pendant 3 minutes.

Le truc en plus

Ajoute une cuillerée à café de cumin. Hum... c'est diablement bon !

La tourte aux champignons

Pour 4 personnes

500 g *de champignons de Paris*
100 g *de gruyère râpé*
2 *pâtes feuilletées déjà étalées*
1 *cuillerée à soupe d'huile*
1 *petit pot de crème fraîche*
1 *jaune d'œuf*
du sel et du poivre

Le truc en plus

Ajoute une cuillerée à soupe de moutarde à la préparation pour donner un délicieux petit goût à ta tourte.

1 Lave les champignons et coupe-les en morceaux. Verse l'huile dans une poêle et fais cuire les champignons à feu doux 10 minutes.

2 Retire la poêle du feu et ajoute la crème fraîche, le fromage, le sel et le poivre. Mélange bien avec une cuillère en bois.

3 Allume le four à 180 °C (th. 5). Pose un rond de pâte avec son papier sur une plaque. Verse la préparation au centre de la pâte.

4 Couvre avec l'autre rond de pâte et ferme en roulant les bords. Bats le jaune d'œuf et étale-le sur la tourte avec un pinceau. Fais cuire 30 minutes au four.

Les œufs brouillés

Pour 1 personne

2 *œufs*
1 *noisette de beurre*
1 *cuillerée à soupe de crème fraîche*
du sel et du poivre

Le truc en plus
Sers les œufs brouillés sur une tartine de pain de mie grillée et beurrée.

1 Casse les œufs dans un bol. Ajoute une cuillerée à soupe d'eau. Mélange bien avec une fourchette.

2 Fais fondre le beurre à feu doux dans une petite casserole. Verse les œufs dedans.

3 Fais cuire 3 minutes en remuant avec une cuillère en bois. Les œufs doivent être crémeux.

4 Retire la casserole du feu. Ajoute la crème, le sel et le poivre. Mélange. C'est prêt !

Le chili con carne

Pour 4 personnes

__3__ cuillerées à soupe d'huile
__3__ cuillerées à soupe de poudre de piment doux
__1__ grosse boîte de haricots rouges
__1__ grosse boîte de tomates pelées
__4__ champignons de Paris
__2__ carottes
__1__ poivron
__1__ oignon
__3__ steaks hachés
__2__ gousses d'ail
__1__ verre d'eau
du sel et du poivre

1 Épluche les carottes, l'oignon et l'ail. Lave le poivron et les champignons. Coupe tous les légumes en petits morceaux. Rince les haricots.

2 Fais chauffer l'huile à feu doux dans une cocotte. Ajoute l'oignon et l'ail. Mets le couvercle. Fais cuire 15 minutes en remuant de temps en temps.

3 Émiette les steaks dans une assiette. Verse la viande dans la cocotte et mélange-la bien avec les oignons et l'ail. Pose le couvercle. Fais cuire 10 minutes.

4 Verse les haricots, les tomates et leur jus, les légumes, l'eau, le sel, le poivre et le piment doux dans la cocotte. Mélange, couvre et fais cuire 1 h 30.

Le truc en plus

Tu peux servir le chili avec du riz blanc.

Le poulet Yassa

Pour 4 personnes

4 *cuisses de poulet*
6 *citrons verts pressés*
le zeste de deux citrons verts coupés en morceaux
(à préparer la veille)
3 *gros oignons*
1 *cuillerée à soupe d'huile*
du thym et du laurier
du sel et du poivre

1 **Avec un couteau, fais 10 trous dans chaque cuisse de poulet. Glisse le zeste dedans. Couvre le poulet avec le jus de citron et laisse-le une nuit au réfrigérateur.**

2 **Allume le four à 220 °C (th. 7). Enlève le jus de citron et garde-le à part. Fais griller le poulet au four pendant 40 minutes.**

3 **Épluche et coupe les oignons en petits morceaux. Mets-les, avec de l'huile, dans une casserole. Fais-les cuire à feu doux jusqu'à ce qu'ils soient transparents.**

4 **Rajoute dans la casserole le jus de la marinade, le poulet, le thym et le laurier. Sale et poivre. Fais cuire à feu doux pendant 7 minutes. C'est prêt !**

Le gratin de poisson

Pour 4 personnes

300 g *de filet de cabillaud*
2 *carottes*
3 *pommes de terre*
150 g *de champignons*
1 *citron*
1 *petit pot de crème fraîche*
1 *cuillerée à soupe d'huile d'olive*
du sel et du poivre

1 Épluche les pommes de terre et les carottes. Lave les champignons puis coupe-les en morceaux. Presse le citron.

2 Râpe grossièrement les carottes et les pommes de terre avec une râpe à gros trous. Coupe le poisson en tranches larges.

3 Mélange le jus de citron, le sel et le poivre avec la crème fraîche. Verse l'huile dans le plat et étends-la avec du papier absorbant.

4 Pose la moitié des légumes dans le plat. Ajoute le poisson puis le reste des légumes. Verse la crème et mets au four à 180 °C (th. 5) pendant une heure.

Le truc en plus

Ajoute une petite cuillerée de curry à la crème fraîche. C'est exotique !

Les lasagnes

Pour 4 personnes

1/2 *boîte de pâtes à lasagnes*
2 *steaks hachés*
2 *grandes boîtes de tomates pelées entières*
100 g *de fromage râpé*
du sel et du poivre
2 *cuillerées à soupe de crème fraîche épaisse*
2 *cuillerées à soupe d'huile d'olive*
1 *noisette de beurre*
2 *oignons*

Le truc en plus
Ajoute quelques feuilles de basilic à la sauce. Quel délice !

1 Beurre un grand plat. Épluche les oignons et coupe-les en petits morceaux. Ouvre les boîtes de tomates et égoutte-les.

2 Fais chauffer l'huile dans une cocotte à feu moyen. Ajoute les oignons et fais-les cuire pendant 10 minutes. Puis émiette les steaks sur les oignons.

3 5 minutes après, ajoute les tomates, la crème, le sel et le poivre. Couvre et laisse cuire pendant une demi-heure. Allume le four à 180 °C (th. 5).

4 Couvre le fond du plat avec des pâtes. Étale la moitié de la sauce. Remets des pâtes puis le reste de la sauce. Saupoudre de fromage et mets 30 minutes au four.

Les escalopes milanaises

Pour 2 personnes
2 *fines escalopes de veau*
3 *cuillerées à café de parmesan râpé*
2 *cuillerées à café de crème fraîche*
1 *œuf*
1 *cuillerée à café d'huile*
1 *noisette de beurre*
de la chapelure

1 Casse l'œuf dans une assiette creuse et bats-le avec le parmesan et la crème fraîche. Mets la chapelure dans une assiette plate.

2 Trempe les escalopes des deux côtés dans l'assiette creuse. Puis recouvre-les de chapelure dans l'assiette plate.

3 Fais fondre le beurre et l'huile à feu moyen dans une poêle.

4 Mets les escalopes dans la poêle. Fais-les cuire 4 minutes de chaque côté.

Le risotto

Pour 4 personnes

__1__ verre et demi de riz rond collant
__1/2__ verre de petits pois en boîte
__1__ tranche de jambon
__3__ cuillerées à soupe d'huile d'olive
__2__ cuillerées à soupe de parmesan râpé
__2__ noisettes de beurre
__4__ verres d'eau
du sel et du poivre

Le truc en plus

Fais fondre un cube de bouillon de volaille dans l'eau avant de la verser sur le riz.

1 **Verse l'huile dans une poêle. Fais revenir le riz dans l'huile pendant 5 minutes à feu moyen.**

2 **Ajoute deux verres d'eau et les petits pois. Fais cuire pendant 7 minutes jusqu'à ce que le riz ait absorbé l'eau.**

3 **Ajoute deux verres d'eau et le jambon coupé en morceaux. Fais cuire pendant 15 minutes jusqu'à ce que le riz ait absorbé l'eau.**

4 **Éteins le feu sous la poêle. Ajoute le parmesan, le beurre, le sel, le poivre, et mélange. Sers bien chaud.**

Le délice de poisson

Pour 4 personnes

1 *filet de poisson de 350 g*
(de la perche par exemple)
1/2 *verre de crème fraîche épaisse*
1 *courgette*
1 *citron*
1 *botte de ciboulette*
1 *pincée de gros sel*
2 *pincées de poivre*

Le truc en plus

Ajoute une cuillerée à soupe de câpres à la crème. Ça pique un peu, mais c'est délicieux !

1 Allume le four à 220 °C (th. 7). Pose une grande feuille de papier d'aluminium au fond d'un plat.

2 Nettoie la courgette. Coupe ses deux bouts et découpe-la en tranches très fines avec une râpe.

3 Coupe finement la ciboulette avec des ciseaux. Presse le citron. Mélange le citron, la ciboulette, le sel et le poivre avec la crème fraîche.

4 Pose les tranches de courgette, la crème et le poisson sur le papier d'aluminium. Replie et referme le papier. Mets au four 20 minutes.

Le flan de carottes

Pour 4 personnes

__4__ carottes
__3__ œufs
__3__ cuillerées à soupe de crème fraîche épaisse
__120 g__ de gruyère râpé
du sel et du poivre

Le truc en plus

Ajoute 3 pincées de poudre de noix de muscade pour parfumer ton flan de carottes.

1 Épluche les carottes. Lave-les et coupe-les en morceaux.

2 Mets les carottes dans la casserole d'eau. Fais-les bouillir 35 minutes. Puis égoutte-les dans une passoire.

3 Écrase les carottes dans un saladier avec un presse-purée. Ajoute les œufs, la crème fraîche, le gruyère.

4 Sale, poivre et mélange bien. Verse dans un plat à gratin et mets au four à 180 °C (th. 5) pendant 30 minutes.

Le Miam burger

Pour 4 personnes

400 g *de bifteck haché*
2 *feuilles de laitue*
4 *petits pains ronds américains*
2 *gros cornichons russes*
2 *tomates*
1 *cuillerée à soupe d'huile*
du ketchup

1 Forme quatre steaks ronds et plats avec ta viande hachée, qui doit être bien fraîche.

2 Fais chauffer l'huile dans une poêle. Fais cuire tes steaks à feu moyen, 3 minutes d'un côté et 3 minutes de l'autre.

3 Coupe les petits pains en deux. Fais-les chauffer dans le grille-pain. Découpe les tomates et les cornichons en rondelles.

4 Fais chaque burger avec deux demi-pains, des rondelles de tomate et de cornichon, un steak, un peu de laitue et du ketchup.

Le truc en plus

Si tu ajoutes une tranche de fromage à ton Miam burger, il sera encore meilleur !

Les brochettes croquantes

Pour 4 brochettes

1 *blanc de poulet*
100 g *d'emmental*
8 *tranches rondes de bacon*
1 *orange épluchée*
8 *tomates cerises*
4 *pique-brochettes*
de l'huile d'olive
du sel et du poivre

Le truc en plus
Tu peux rouler tes dés de poulet dans du cumin. C'est encore meilleur !

1 Découpe le blanc de poulet et l'emmental en dés de 1 cm sur 1 cm. Sépare les quartiers d'orange. Fais chauffer le four à 220 °C (th. 7).

2 Pose un dé d'emmental sur chaque tranche de bacon. Referme la tranche de bacon sur elle-même, comme si tu faisais un paquet cadeau.

3 Sur deux brochettes, alterne quartiers d'orange et dés de poulet. Sur les deux autres, alterne tomates cerises, bacon et fromage.

4 Pose les brochettes dans un plat. Mets du sel, du poivre et de l'huile d'olive sur chacune. Fais dorer les brochettes au four, 10 minutes de chaque côté.

Les œufs cocotte au roquefort

Pour 4 personnes

4 *œufs bien frais*
4 *cuillerées à soupe de crème fraîche*
1 *tranche fine de roquefort*
du sel et du poivre

Le truc en plus
Si tu n'aimes pas le roquefort, remplace-le par du chèvre ou du gruyère.

1 Allume le four à 220 °C (th. 7). Avec tes doigts, beurre quatre ramequins allant au four.

2 Casse délicatement un œuf dans chaque ramequin. Ajoute une cuillerée à soupe de crème fraîche et des miettes de roquefort. Sale et poivre.

3 Place les quatre ramequins dans un plat creux allant au four. Mets de l'eau dans le plat.

4 Enfourne le tout pendant 10 minutes. Ne te brûle pas en retirant le plat du four ! Les œufs doivent être moelleux.

Les râpés de légumes

Pour 4 personnes

4 *pommes de terre*
1/2 *carotte*
1 *œuf*
1/2 *cuillerée à soupe d'huile*
1 *cuillerée à soupe de crème fraîche*
du sel et du poivre

1 Épluche les pommes de terre et la demi-carotte. Râpe-les dans un saladier.

2 Ajoute la crème, l'œuf, le sel ainsi que le poivre, et mélange bien pour faire la pâte.

3 Fais chauffer une cuillerée d'huile à feu vif dans une poêle. Fais des croquettes de pâte de la taille d'une cuillère à soupe.

4 Écrase-les bien avec une spatule et cuis-les 9 minutes de chaque côté. Remets de l'huile et recommence avec le reste de la pâte.

Le truc en plus

Ajoute un demi-oignon râpé aux pommes de terre et à la carotte. C'est délicieux !

Les steaks surprise

Pour 4 personnes

250 g *de viande de bœuf hachée*
2 *cuillerées à soupe de pulpe de tomate en boîte*
2 *cuillerées à soupe de maïs en boîte*
1/2 *oignon*
1 *cuillerée à soupe de câpres au vinaigre*
1 *cuillerée à soupe d'huile*
du sel et du poivre

1 Dans un saladier, mélange la viande, la tomate, le maïs, les câpres, le sel et le poivre.

2 À l'aide d'une petite cuillère, fais quatre petites boulettes avec le mélange.

3 Tasse les boulettes pour faire des galettes d'un centimètre d'épaisseur.

4 Fais chauffer l'huile à feu vif dans une poêle. Ajoute un demi-oignon haché et cuis les galettes 4 minutes de chaque côté.

La tartiflette

Pour 4 personnes

6 *grosses pommes de terre*
1 *reblochon de 250 g*
(c'est un fromage de Savoie)
100 g *de lardons*
1 *noisette de beurre*
du sel et du poivre

Le truc en plus

Épluche un oignon et découpe-le en tranches. Ajoute les tranches d'oignon aux lardons.

1 Épluche les pommes de terre. Coupe-les en grosses tranches. Fais chauffer de l'eau dans une casserole.

2 Quand l'eau frémit, mets les pommes de terre et du gros sel dedans. Fais-les cuire 20 minutes puis égoutte-les.

3 Beurre un plat. Pose une couche de pommes de terre, une couche de lardons, une couche de pommes de terre et une couche de lardons.

4 Découpe le reblochon en huit. Pose les morceaux de fromage sur le plat. Sale, poivre et mets au four à 200 °C (th. 6) pendant 40 minutes.

Les brochettes japonaises

Pour 2 personnes

250 g *de blancs de poulet*
1 *jaune d'œuf*
1 *cuillerée à café de sucre*
1 *petite boîte de chapelure*
10 *cuillerées à soupe de sauce au soja*
4 *pique-brochettes*

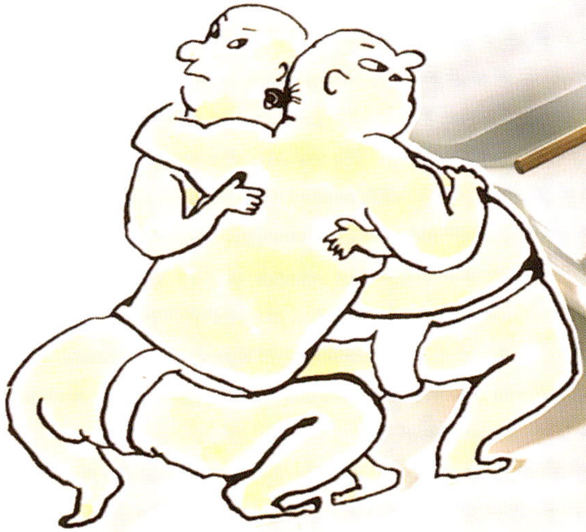

Le truc en plus

Fais d'autres brochettes avec des chapeaux de champignons de Paris que tu fais cuire 12 minutes.

1 Coupe les blancs de poulet en morceaux et hache-les très fin.

2 Mélange l'œuf, le poulet, le sucre, trois cuillerées à soupe de sauce au soja et trois cuillerées à soupe de chapelure. Fais douze boulettes avec le mélange.

3 Mets la chapelure dans une assiette. Roule les boulettes dedans et enfiles-en trois sur chaque pique. Arrose-les de sauce au soja.

4 Pose les brochettes dans un plat. Mets au four à 200 °C (th. 6) 15 minutes. Retourne les brochettes et fais-les cuire encore 10 minutes.

Le poisson à l'estragon

Pour 4 personnes

8 *filets de limande frais*
16 *cuillerées à soupe de crème fraîche*
de l'estragon
du sel, du poivre, du safran

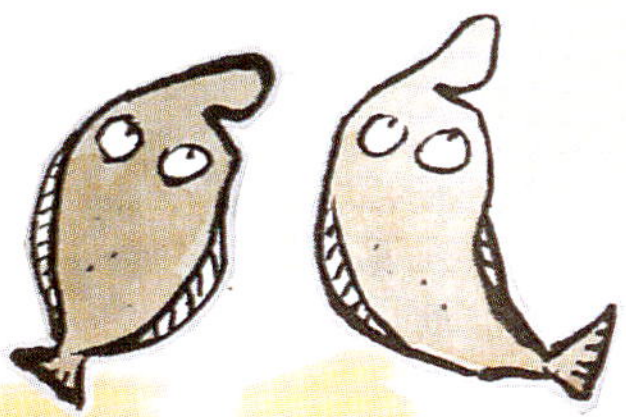

Le truc en plus

Tu peux remplacer l'estragon et le safran par du curry. Accompagne avec du riz ou des pommes vapeur.

1 Coupe l'estragon en petits bouts. Mets-les au fond d'un plat à four. Pose dessus les filets de poisson.

2 Dans un bol, mélange la crème, le sel, le poivre et le safran pour faire une sauce liquide.

3 Allume ton four. Verse la sauce sur le poisson pour qu'il soit bien recouvert.

4 Mets au four chaud à 200 °C (th. 6) pendant 10 minutes. C'est prêt !

Les pilons de poulet marinés

Pour 4 personnes

8 *pilons de poulet*
le jus d'un citron
1 *cuillerée à soupe d'huile d'olive*
2 *cuillerées à soupe de miel*
du sel et du poivre
(à préparer la veille)

1 Le matin pour le soir, prépare une sauce dans un plat creux avec l'huile, le citron, le miel, le sel et le poivre : c'est une marinade.

2 Enlève ensuite la peau des pilons avec les doigts, c'est assez facile. C'est mieux, car la viande sera plus digeste.

3 Range les pilons dans le plat. Tourne-les plusieurs fois pour bien les enrober de marinade. Laisse reposer jusqu'au soir.

4 Le soir, fais chauffer le four à 200 °C (th. 6). Laisse cuire les pilons 25 minutes environ. Sors-les du four. Sale. Mange avec tes doigts !

Le truc en plus
Dans la marinade, tu peux remplacer le miel par un peu d'ail et des herbes de Provence.

Le grat'patate

Pour 4 personnes

8 *pommes de terre*
4 *verres de lait*
4 *cuillerées à soupe de crème fraîche*
1 *gousse d'ail*
1 *petit paquet de gruyère râpé*
du sel, du poivre et de la noix muscade

Le truc en plus

Ajoute 100 g de lardons avant de verser le lait et la crème. Ça fera un plat complet.

1 Fais chauffer le four à 200 °C (th. 6). Épluche les pommes de terre. Essuie-les avec du papier absorbant. Coupe-les en rondelles fines. Essuie-les à nouveau.

2 Coupe la gousse d'ail en deux. Frottes-en le fond et les bords d'un plat qui va au four. Dans un bol, mélange le lait et la crème.

3 Mets les pommes de terre dans le plat. Verse le contenu du bol. Sale, poivre, râpe un peu de noix muscade. Parsème de gruyère râpé.

4 Mets ton plat au four 45 minutes. Le dessus doit être bien doré et les pommes de terre moelleuses.

Les œufs déguisés de Noël

Pour 4 personnes

4 *œufs*
4 *noisettes de beurre*
1 *tranche de saumon fumé*
1/2 *citron*

1 Fais chauffer ton four à 240 °C (th. 8). Coupe la tranche de saumon en petits morceaux.

2 Casse chaque œuf dans un ramequin. Avec une fourchette, perce les jaunes.

3 Mets une pincée de sel, une pincée de poivre et une noisette de beurre sur chaque œuf. Mets les ramequins au four pendant 7 minutes.

4 Sors les ramequins du four sans te brûler. Pose quelques morceaux de saumon sur chaque œuf. Arrose d'un petit jus de citron et régale-toi !

La truite marinée

Pour 4 personnes

500 g *de filet de truite*
2 *citrons*
3 *cuillerées à soupe d'huile d'olive*
4 *brins d'aneth*
du sel et du poivre

1 Enlève les petites arêtes du poisson avec une paire de ciseaux. Puis découpe les filets en biais, le long de la peau, pour faire des tranches fines.

2 Presse les citrons. Pose les tranches de truite dans un plat en terre ou en verre et arrose-les avec le jus de citron. Recouvre le plat avec du papier d'aluminium.

3 Mets le plat de poisson au réfrigérateur. Au bout d'une heure, sors-le, retire le papier d'aluminium et enlève soigneusement le jus de citron.

4 Sépare les plumeaux des grosses tiges d'aneth. Verse l'huile dans le plat. Ajoute le sel, le poivre, l'aneth. C'est prêt !

La sauce bolognaise

Pour 4 personnes

2 *steaks hachés frais*
1 *grosse boîte de tomates pelées*
1 *gros oignon*
1 *paquet de spaghettis*
1 *cuillerée à soupe d'huile d'olive*
du thym
du sel et du poivre

Le truc en plus

Tu peux faire ta sauce à l'avance et la réchauffer au dernier moment. Pratique !

1 Épluche ton oignon et coupe-le finement. Mets-le à dorer doucement dans une grande poêle à haut bord avec l'huile d'olive.

2 Ajoute les steaks hachés. Émiette-les avec une fourchette sans te brûler. Laisse cuire 5 minutes en continuant à remuer.

3 Fais cuire tes spaghettis dans un litre d'eau bouillante avec du gros sel. Verse les tomates et leur jus dans la poêle. Écrase-les avec la fourchette. Ajoute le thym. Sale et poivre.

4 Laisse cuire un bon quart d'heure. La sauce doit être moelleuse. Sers-la sur une montagne de spaghettis bien chauds !

La galette-panette

Pour 4 personnes

1 *œuf*
300 g *de bœuf haché frais*
1 *cuillerée à soupe rase de moutarde*
1 *tranche de pain sec*
1 *tasse de lait*
1 *cuillerée à soupe de farine*
1 *cuillerée à soupe de margarine*
des herbes à volonté (persil, estragon, ciboulette)

1 Dans un saladier, mélange avec une fourchette la viande, l'œuf entier, la moutarde et les herbes. Sale et poivre.

2 Fais chauffer le lait et le pain coupé en morceaux dans une casserole ou au four à micro-ondes. Écrase bien avec une fourchette.

3 Verse cette pâte dans le saladier et mélange bien. Avec les mains, fais quatre boules de taille égale. Aplatis-les en forme de galette.

4 Mets un peu de farine sur une planche. Pose doucement les galettes sur une face, puis sur l'autre pour les fariner.

5 Fais chauffer la margarine dans une poêle. Fais cuire les galettes-panettes 3 à 4 minutes de chaque côté à feu moyen. Bien dorées, c'est bon !

Le gratin de courgettes

Pour 4 personnes

5 *courgettes*
1 *petit pot de crème fraîche*
100 g *de gruyère râpé*
du sel et du poivre

Le truc en plus

Ajoute une vingtaine de feuilles de menthe hachées à la crème. Elles donnent un délicieux parfum !

1 Allume le four à 220 °C (th. 7). Lave bien les courgettes. Tranche leurs extrémités. Coupe-les en morceaux de 2 cm.

2 Fais bouillir une grande casserole d'eau salée. Mets les courgettes 20 minutes dans l'eau. Retire-les du feu. Égoutte-les bien.

3 Remets les courgettes dans la casserole. Écrase-les à la fourchette. Mélange-les avec le poivre et la crème fraîche.

4 Verse le mélange dans un plat à gratin et saupoudre avec le gruyère. Mets au four pendant 40 minutes.

Le riz aux chipos

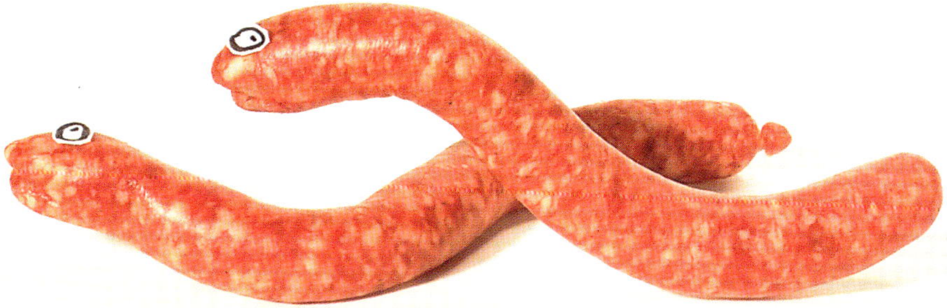

Pour 4 personnes

__3__ verres de riz
__1__ cuillerée à café de curry
__4__ chipolatas
__2__ pommes
__1__ poignée de raisins secs
du sel et du poivre

1 Mets le riz dans une casserole d'eau bouillante salée, sans te brûler ! Ajoute le curry. Laisse cuire 15 minutes et égoutte.

2 Coupe les chipolatas en morceaux. Laisse cuire à feu doux dans une grande poêle à haut bord pendant 15 minutes.

3 Pendant ce temps, épluche les pommes. Coupe-les en morceaux. Mets-les dans la poêle avec les chipolatas.

4 Continue la cuisson pendant 5 minutes au moins en remuant. Les pommes doivent être chaudes, mais rester fermes.

5 Ajoute dans la poêle le riz encore chaud, puis les raisins secs. Remue bien, réchauffe un peu. Sale et poivre s'il le faut.

Le gratin de polenta

Pour 4 personnes

1 *verre de polenta (semoule de maïs)*
1 *boîte de taille moyenne de tomates entières*
1/2 *tasse de gruyère râpé*
1 *cuillerée à soupe de basilic séché*
3 *cuillerées à soupe d'huile d'olive*
du sel et du poivre

Le truc en plus
Ajoute un cube de bouillon de volaille à l'eau pour parfumer la polenta.

1 Fais bouillir dans une casserole un demi-litre d'eau avec du gros sel. Quand l'eau bout, verse la polenta et fais-la cuire pendant 2 minutes.

2 Quand la polenta devient pâteuse, enlève-la du feu et verse-la dans un plat. Laisse-la refroidir pendant 15 minutes.

3 Démoule et coupe la polenta en petits cubes de 1 cm sur 1 cm. Pose-les dans un plat à gratin. Égoutte les tomates en boîte.

4 Recouvre la polenta avec l'huile, les tomates, le basilic, le gruyère, le sel et le poivre. Mets au four à 220 °C (th. 7) pendant 25 minutes.

Les desserts

La salade de fraises

Pour 4 personnes

500 g *de fraises*
4 *oranges*
1/2 *citron*
2 *cuillerées à café de sucre*
20 *feuilles de menthe*

Le truc en plus

Mélange une demi-cuillerée à café de cannelle en poudre à ta salade de fraises. C'est délicieux !

1 Épluche deux oranges. Sépare les quartiers et retire la peau blanche. Coupe les quartiers d'orange en morceaux.

2 Lave les fraises. Coupe-les en quatre. Mélange les fraises aux quartiers d'orange dans un saladier.

3 Presse les deux autres oranges ainsi que le demi-citron. Hache la menthe avec un couteau.

4 Ajoute le jus des oranges, le jus de citron, le sucre et la menthe aux fraises. Mélange et mets trois heures au réfrigérateur.

Le gâteau noir aux noix

Pour 4 personnes

500 g *de noix*
3 *cuillerées de farine*
8 *cuillerées de sucre*
125 g *de beurre*
100 g *de chocolat noir*
3 *œufs*

Le truc en plus

Tu peux aussi utiliser deux sachets de noix déjà hachées. Ça ira beaucoup plus vite !

1 Casse les noix et épluche-les. Hache-les finement au mixeur pour obtenir un bol de noix hachées (environ 200 g).

2 Mets les noix dans un saladier. Fais fondre une minute le beurre et le chocolat au four à micro-ondes. Mélange avec les noix.

3 Bats les œufs entiers en omelette et verse-les dans le saladier. Ajoute le sucre et la farine. Mélange bien.

4 Verse le tout dans un moule beurré. Fais chauffer le four à 180 °C (th. 5). Mets le gâteau à cuire une demi-heure. Démoule et sers froid.

La coupe fruitée

Pour 4 personnes

20 *grains de raisin*
2 *cuillerées à café de sucre*
1 *pêche et* **1/2** *citron*
10 *boules de melon surgelées*
1 *tasse de framboises surgelées*
2 *prunes vertes bien mûres*

Le truc en plus
Ajoute cinq feuilles de menthe finement hachées.

1 Fais dégeler les fruits surgelés. Lave le raisin et les prunes. Épluche la pêche.

2 Coupe les grains de raisin en deux. Découpe la pêche et les prunes en petits morceaux.

3 Mets les morceaux de fruits dans un saladier. Ajoute le melon et les framboises.

4 Presse le demi-citron. Verse le jus sur les fruits et saupoudre avec le sucre.

La crème surprise aux petits-suisses

Pour 2 ramequins

__4__ petits-suisses
__2__ jaunes d'œufs
__2__ cuillerées à soupe de sucre brun
__1__ orange non traitée
__4__ cuillerées à soupe de marmelade d'orange
__2__ cuillerées à café d'amandes effilées
__1__ cuillerée à soupe de crème fraîche

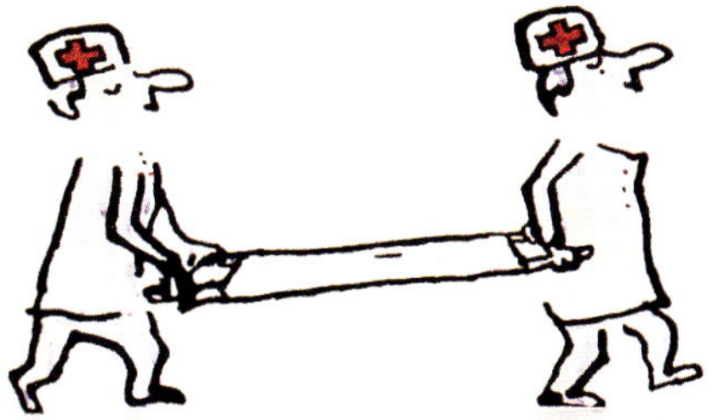

Le truc en plus

Remplace la marmelade d'orange par une autre confiture, mûre ou abricot par exemple.

1 Mélange les petits-suisses, la crème fraîche, le sucre et les jaunes d'œufs dans un saladier.

2 Lave l'orange. Râpe sa peau au-dessus du saladier et mélange.

3 Étale deux cuillerées de marmelade dans chaque ramequin. Verse la moitié du saladier dans un ramequin et le reste dans l'autre.

4 Saupoudre les ramequins avec les amandes. Mets les ramequins au four à 180 °C (th. 5) pendant 1 h 15.

Les cookies au chocolat

Pour 20 biscuits

125 g *de beurre*
3 *cuillerées à soupe de sucre en poudre*
3 *cuillerées à soupe de cassonade*
1 *œuf*
1 *sachet de sucre vanillé*
150 g *de farine*
125 g *de pépites de chocolat*
1 *sachet de levure chimique*
1 *pincée de sel*

Le truc en plus

Tu peux remplacer les pépites de chocolat par des morceaux de noix ou des raisins secs.

1 Dans un saladier, mélange le sucre en poudre, la cassonade et le beurre fondu. Puis ajoute le sucre vanillé et l'œuf. Bats avec un fouet.

2 Petit à petit, ajoute la farine, la levure et le sel. Continue de mélanger avec une cuillère en bois en versant les pépites de chocolat.

3 Place une grande feuille de papier sulfurisé sur la plaque du four. Avec une petite cuillère, dépose des petits tas de pâte tous les 10 cm.

4 Fais cuire à four chaud 200 °C (th. 6) 10 minutes. Demande à un adulte de sortir la plaque du four. Laisse refroidir tes cookies avant de les déguster !

Le délice de fraises glacé

Pour 1 verre

20 *fraises mûres*
12 *feuilles de menthe*
1/2 *verre d'eau*

1 Enlève la tige et les feuilles des fraises avec un couteau.

2 Nettoie les feuilles de menthe et coupe-les en petits morceaux.

3 Mixe les fraises et la menthe avec le demi-verre d'eau.

4 Verse le mélange dans un grand verre et mets-le au congélateur pendant 10 minutes.

Le truc en plus

Rajoute une cuillerée à café de sucre si les fraises ne sont pas très mûres.

Les crêpes en fête

Pour environ 15 crêpes

2 *verres et demi de farine*
1 *cuillerée à café d'extrait de vanille*
1/2 *verre de bière sans alcool*
1 *verre de sucre en poudre*
4 *verres de lait*
1/2 *pomme de terre épluchée*
1 *pincée de sel*
1 *soucoupe d'huile*
2 *œufs*

Le truc en plus

S'il y a des grumeaux, filtre la pâte avec une passoire pour qu'elle soit bien lisse !

1 Mélange la farine et les œufs dans un saladier. Ajoute le lait, la bière, le sucre, le sel, la vanille et mélange. Laisse reposer la pâte pendant une heure.

2 Pique la pomme de terre au bout d'une fourchette. Trempe-la dans l'huile et frottes-en la poêle avant de cuire chaque crêpe.

3 Fais chauffer la poêle à feu moyen. Huile-la. Verse une petite louche de pâte dedans. Étends-la en faisant tourner la poêle.

4 Lorsque le bord de la crêpe brunit, décolle-la avec une spatule et retourne-la. Laisse la crêpe cuire 30 secondes de l'autre côté.

Le sorbet poire-vanille

Pour 4 personnes

6 *poires bien sucrées*
5 *gouttes d'extrait de vanille*
2 *citrons verts*
1 *petit pot de crème fraîche*

Le truc en plus
Tu peux servir ton sorbet avec des fruits confits. C'est joli et délicieux !

1 Épluche les poires. Enlève leur tige et leur cœur. Coupe les poires en morceaux et mets-les dans un saladier.

2 Presse les citrons et mets le jus dans le saladier. Ajoute la crème fraîche et l'extrait de vanille.

3 Mixe le contenu du saladier. Remets le mélange dans le saladier et place-le au congélateur.

4 Toutes les deux heures, sors le saladier et mixe le sorbet. Puis remets-le dans le congélateur. Au bout de six heures, le sorbet est prêt !

La tarte à la rhubarbe

Pour 6 personnes

15 *belles branches de rhubarbe*
200 g *de farine*
8 *cuillerées à soupe de sucre*
6 *noisettes de beurre*
2 *cuillerées à soupe d'huile*
1 *petit pot de crème fraîche*
2 *œufs*
de l'eau

1 Allume le four à 200 °C (th. 6). Lave la rhubarbe. Enlève les deux bouts de chaque branche puis coupe-les en morceaux de 1 cm de long.

2 Fais fondre le beurre avec deux cuillerées à soupe d'eau. Mélange le beurre, la farine, l'huile, la moitié du sucre et un peu d'eau pour faire la pâte.

3 Saupoudre la table de farine. Étends la pâte, pose-la dans un plat à tarte sur du papier sulfurisé et pique-la avec une fourchette. Coupe ce qui dépasse.

4 Pose la rhubarbe dessus. Mélange les œufs, la crème et le reste du sucre et verse sur la rhubarbe. Fais cuire la tarte pendant 35 minutes.

La compote de pêches

Pour 4 personnes

10 *pêches*
2 *citrons non traités*
4 *cuillerées à soupe de sucre*
4 *cuillerées à soupe d'eau*

Le truc en plus

Pour donner un délicieux parfum à ta compote, fais cuire les pêches avec un bâton de cannelle.

1 Lave bien les citrons. Épluche-les et coupe la peau en fines lamelles.

2 Épluche les pêches. Enlève leur noyau. Coupe-les en gros morceaux.

3 Fais chauffer l'eau et le sucre dans une casserole. Quand l'eau bout, ajoute les lamelles de citron.

4 Laisse cuire 2 minutes. Rajoute les pêches. Fais cuire à feu doux 10 minutes avec un couvercle.

La sauce délicieuse

Pour napper de sauce les profiteroles (page 109) et bien d'autres desserts.

150 g *de chocolat à cuire*
3 *cuillerées à soupe de crème fraîche*

1 Casse les morceaux de chocolat dans une petite casserole. Ajoute une cuillerée à soupe d'eau.

2 Mets de l'eau dans une grande casserole. Place la petite casserole dans la grande et fais chauffer. Cela s'appelle un bain-marie.

3 Quand le chocolat est fondu, retire la casserole du feu et ajoute la crème fraîche.

4 Réchauffe doucement la sauce avant de la servir. Et savoure !

Les triangles aux pommes

Pour 4 triangles

- **1** *rouleau de pâte feuilletée*
- **2** *belles pommes rouges*
- **4** *cuillerées à soupe de sucre*
- **4** *noisettes de beurre demi-sel*

1 Allume ton four à 200 °C (th. 6). Lave les pommes et coupe-les en deux. Enlève le cœur, coupe chaque demi-pomme en tranches fines.

2 Beurre une plaque qui va au four. Coupe la pâte en quatre et pose les triangles de pâte sur la plaque.

3 Étends une demi-pomme tranchée sur chaque triangle. Mets une noisette de beurre et une cuillerée de sucre dessus.

4 Roule les bords des triangles de pâte jusqu'à la pomme. Mets au four 20 minutes et déguste tiède.

Les pêches Melba

Pour 4 personnes

de la glace à la vanille
4 *belles pêches*
8 *cuillerées à soupe de confiture de framboises*
1 *bombe de crème Chantilly*
1/2 *verre d'amandes effilées*

1 Fais chauffer le four à 240 °C (th. 8). Étale les amandes au fond d'un plat. Fais-les brunir 5 minutes au four.

2 Épluche les pêches. Coupe-les en deux et enlève leur noyau. Coupe les demi-pêches en morceaux et répartis-les dans quatre coupes.

3 Mets deux boules de glace et deux cuillerées à soupe de confiture sur les pêches dans chaque coupe.

4 Secoue la bombe de crème Chantilly. Recouvre les coupes de crème et saupoudre avec les amandes.

Le truc en plus

Sors la glace du congélateur dix minutes avant de préparer les coupes pour faire les boules plus facilement.

Le délice de bananes

Pour 4 personnes

4 *bananes*
3 *cuillerées à café de sucre*
1 *noisette de beurre*
1 *grosse orange*

1 Épluche les bananes. Coupe-les en deux dans le sens de la longueur. Presse l'orange.

2 Fais fondre le beurre dans une poêle, à feu moyen. Quand il est fondu, pose les bananes dans la poêle.

3 Saupoudre les bananes avec le sucre. Laisse-les cuire 4 minutes puis retourne-les avec une spatule.

4 Au bout de 3 minutes, verse le jus d'orange dans la poêle. Quand le jus est presque complètement évaporé, tu peux servir tes bananes !

Le truc en plus

Tu peux remplacer le sucre par du sucre vanillé. C'est encore meilleur !

Le gâteau à la cannelle

Pour 4 personnes

250 g *de farine*
125 g *de beurre*
150 g *de sucre en poudre*
60 g *d'amandes en poudre*
2 *gros œufs*
1/2 *sachet de levure*
1 *sachet de sucre vanillé*
1 *cuillerée à café de cannelle*

1 Allume ton four à 180 °C (th. 5). Graisse un moule à gâteau avec une noisette de beurre. Fais fondre le reste du beurre à feu doux.

2 Casse les œufs dans un grand saladier. Ajoute le sucre semoule. Bats le mélange avec une cuillère en bois jusqu'à ce qu'il devienne plus clair.

3 Verse le beurre dans le saladier et mélange. Puis ajoute la farine, les amandes, le sucre vanillé, la cannelle et la levure, toujours en mélangeant.

4 Verse la pâte dans le moule. Mets au four pendant 25 minutes. Sors le gâteau et laisse-le un peu refroidir avant de le démouler.

Le nectar de pomme aux épices

Pour 3 personnes

1 *l de jus de pomme*
1 *cuillerée à soupe de miel*
2 *bâtons de cannelle*
2 *clous de girofle*
2 *étoiles d'anis*

1 Mélange le jus de pomme, la cannelle, l'anis, le miel et les clous de girofle dans une casserole.

2 Fais chauffer la casserole 15 minutes à feu moyen, sans faire bouillir. Passe le jus dans une passoire et sers-le tiède.

Le choco-framboise

Pour 6 personnes

250 g *de farine* **1** *œuf*
150 g *de sucre* **200 g** *de beurre*
250 g *d'amandes en poudre*
500 g *de confiture de framboises*
1 *citron et* **1** *orange*
3 *cuillerées à soupe de chocolat en poudre*
3 *cuillerées à café de cannelle*
1 *sachet de sucre vanillé*

Le truc en plus

Fais des bandes de pâte avec un rouleau à pâtisserie. Puis pose-les en croisillons sur la tarte avant de la cuire : c'est très joli !

1 Lave l'orange et le citron. Râpe leur peau dans un saladier. Ajoute les amandes, le chocolat, la farine, le sucre, le sucre vanillé et la cannelle. Mélange.

2 Fais fondre le beurre à feu très doux. Verse-le dans le saladier. Ajoute l'œuf et pétris bien la pâte. Puis laisse-la reposer une heure au réfrigérateur.

3 Allume le four à 180 °C (th. 5). Recouvre un plat à tarte avec du papier de cuisson. Étale la pâte au fond et sur les bords du plat.

4 Verse la confiture sur la pâte et étale-la avec une cuillère. Mets la tarte au four pendant une heure. Attends que la tarte soit froide avant de la goûter !

La salade d'oranges

Pour 6 personnes

4 *belles oranges sans pépins (genre Navella)*

10 *morceaux de sucre*

1 Lave une orange et essuie-la. Enlève l'écorce de l'orange sans prendre la partie blanche. Coupe-la pour faire des zestes.

2 Épluche les autres oranges sans laisser de peau blanche. Coupe-les en rondelles et mets-les dans un saladier.

3 Fais un sirop : mets un verre d'eau et les dix sucres dans une casserole. Chauffe le liquide jusqu'à ce qu'il fasse des bulles.

4 Mets les zestes dans le sirop. Fais-les cuire 10 minutes à feu moyen. Le sirop peut brunir un peu, mais surtout pas noircir !

5 Verse ce mélange dans le saladier sur les rondelles d'oranges. Attention de ne pas te brûler ! Sers tout de suite.

Le régal de l'écureuil

Pour 4 personnes

125 g *de beurre salé*
150 g *de sucre en poudre*
125 g *de noisettes en poudre*
50 g *de farine*
4 *œufs*

1 Mélange le sucre, la farine, les noisettes dans un saladier. Fais fondre le beurre dans une casserole. Verse-le dans le saladier. Mélange bien.

2 Casse les œufs et sépare les blancs des jaunes. Bats les blancs en neige. Mélange-les à la préparation.

3 Verse le tout dans un moule carré ou rectangulaire bien beurré. Allume le four à 180 °C (th. 6).

4 Mets au four 30 à 35 minutes. Plante un couteau dans ton gâteau. Si la lame en ressort propre, c'est qu'il est cuit.

Le gâteau de semoule

Pour 6 personnes

125 g *de semoule de blé*
2/3 l *de lait*
100 g *de sucre*
1 *sachet de sucre vanillé*
2 *œufs*
50 g *de beurre*
des fruits frais

Le truc en plus

Laisse tremper une demi-tasse de raisins secs dans une tasse d'eau chaude pendant une heure. Ajoute-les au gâteau avant de le mettre au réfrigérateur.

1 Fais chauffer le lait avec les sucres. Quand le lait bout, baisse le feu. Verse la semoule dedans et mélange bien.

2 Pose un couvercle sur la casserole et fais cuire à feu doux 10 minutes. Tu dois obtenir une pâte épaisse, sinon, laisse cuire un peu plus longtemps.

3 Éteins le feu. Ajoute le beurre et les œufs battus. Beurre un moule et verse la préparation dedans.

4 Mets au réfrigérateur pendant deux heures. Sers avec des fruits frais (framboises, abricots, pêches, raisins...).

La confiture de poires

Pour 5 pots
1,5 kg *de poires mûres*
1,5 kg *de sucre gélifié*
de la cannelle en poudre
1 *gousse de vanille*
1 *clou de girofle*
1 *citron*

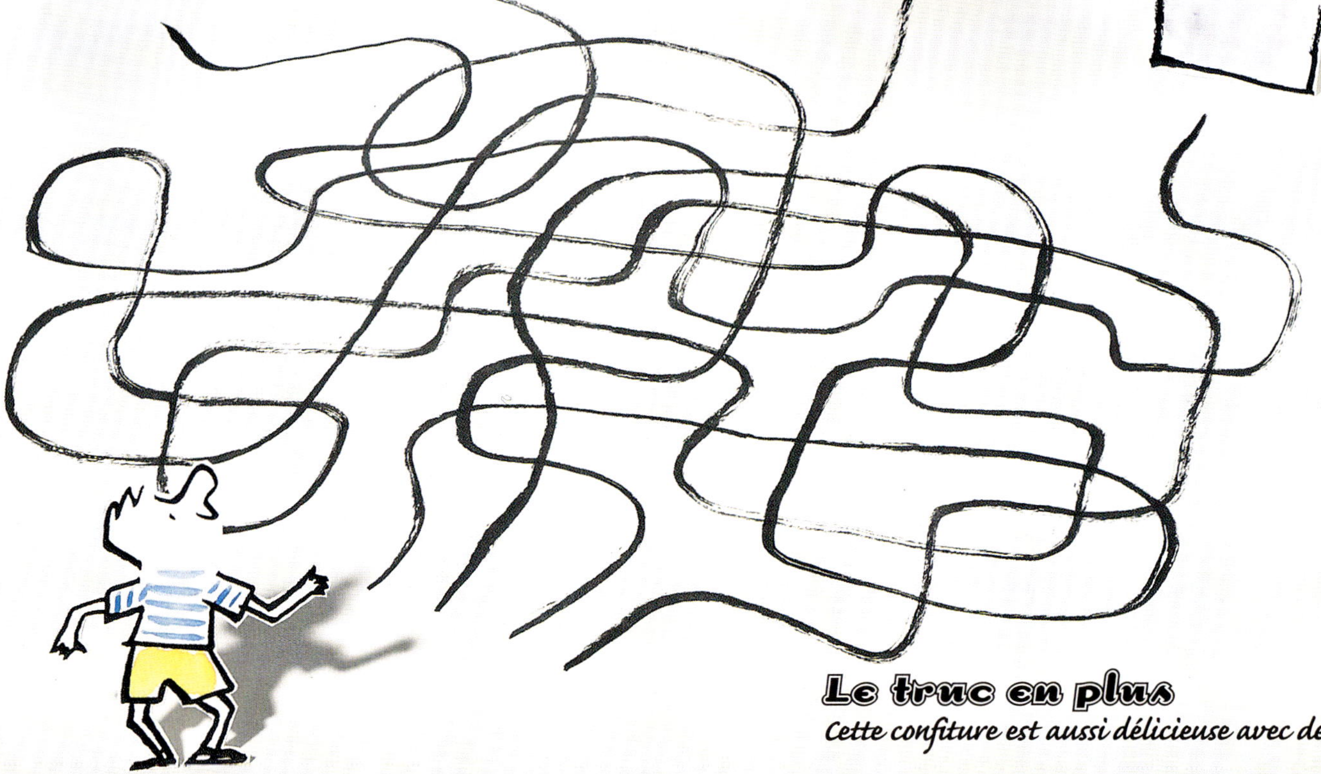

1 Épluche les poires et coupe-les en petits morceaux. Mets-les dans une casserole avec un verre d'eau, la vanille coupée en morceaux et les épices.

2 Ajoute le sucre et le jus du citron. Fais cuire à feu doux jusqu'à ce que les poires deviennent transparentes (environ une heure en tournant souvent).

3 Prépare cinq pots bien propres. Avec une louche, remplis-les de confiture. Ne te brûle pas ! Ferme bien les couvercles.

Le truc en plus

Cette confiture est aussi délicieuse avec des pêches.

Le feuilleté aux fraises

Pour 4 personnes

1/2 *rouleau de pâte feuilletée*
16 *fraises*
4 *cuillerées à soupe de marmelade d'orange*
2 *cuillerées à café de sucre*
1 *bombe de crème Chantilly*

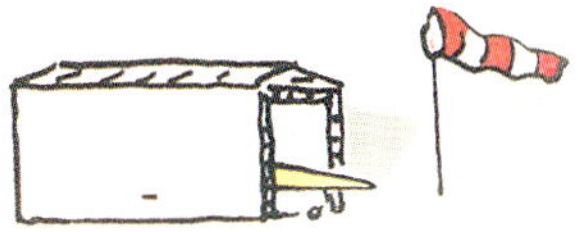

1 Allume le four à 180 °C (th. 5). Découpe la pâte feuilletée en quatre triangles égaux. Pose-les sur une plaque couverte de papier sulfurisé.

2 Recouvre chaque triangle d'une demi-cuillerée à café de sucre. Mets les triangles de pâte au four pendant 15 minutes.

3 Laisse refroidir les triangles de pâte. Lave rapidement les fraises puis retire les queues. Coupe chaque fraise en quatre.

4 Mets une cuillerée à soupe de marmelade dans quatre assiettes. Recouvre de crème Chantilly, de fraises et pose un triangle de pâte par-dessus.

Le truc en plus

Tu peux faire chauffer des amandes effilées dans une poêle pendant cinq minutes et les mettre sur la Chantilly.

La tarte crousti-choco

Pour 6 personnes

1 *rouleau de pâte feuilletée*
125 g *de chocolat*
1 *grosse boîte de poires au sirop*
1 *pot moyen de crème fraîche*
2 *œufs*

1 Étale la pâte dans un moule à tarte. Pique-la avec une fourchette. Allume le four à 220 °C (th. 7).

2 Ouvre la boîte de poires. Égoutte les morceaux. Dispose-les en étoile sur la pâte au milieu du moule.

3 Fais fondre le chocolat une minute au micro-ondes. Bats les œufs en omelette dans un saladier. Verse le chocolat dedans. Ajoute la crème fraîche et mélange bien.

4 Recouvre les poires avec le mélange. Fais cuire la tarte au four 30 minutes. Et régale-toi !

La coupe du monde

Pour 1 personne

de la glace à la vanille
1 *brownie*
(c'est un gâteau au chocolat)
1/2 *pêche au sirop*
1 *rondelle d'ananas au sirop*
1 *verre d'eau chaude*

Le truc en plus
Pour faire les anses de la coupe, plante un demi-palmier de chaque côté de la glace.

1 Pose la rondelle d'ananas dans une petite assiette. Pose la demi-pêche dessus.

2 Découpe dans ton brownie dix petits carrés de 1 cm sur 1 cm.

3 Trempe une cuillère à glace dans l'eau chaude. Fais une belle boule de glace à la vanille. Pose-la sur la pêche.

4 Pose les carrés de brownie sur la boule de glace et enfonce-les légèrement. Ta coupe est prête.

Le gâteau à l'orange

Pour 6 personnes

115 g *de beurre*
115 g *de sucre*
115 g *de farine*
2 *œufs*
1 *orange*
1 *cuillerée à café de levure chimique*

Le truc en plus

Quand il est cuit, recouvre ton gâteau avec du chocolat noir fondu et une cuillerée à soupe de crème fraîche.

1 Sors le beurre du réfrigérateur deux heures avant de préparer ton gâteau. Coupe-le en morceaux dans un saladier.

2 Écrase le beurre avec une cuillère en bois. Ajoute le sucre et mélange bien. Casse les œufs dans le saladier et bats bien.

3 Ajoute la farine et le jus d'une d'orange. Mélange bien. Puis incorpore doucement la levure.

4 Verse la pâte dans un moule beurré. Fais cuire ton gâteau 30 minutes au four à 180 °C (th. 5).

Les truffes au chocolat

Pour environ 20 truffes

350 g *de chocolat à cuire*
100 g *de beurre*
3 *œufs*
5 *cuillerées à soupe de cacao noir en poudre*
3 *cuillerées à soupe de lait*

1 Casse le chocolat dans une casserole. Ajoute le lait. Fais chauffer à feu très doux.

2 Quand le chocolat est fondu, éteins le feu. Ajoute le beurre en remuant bien.

3 Casse les œufs et sépare les blancs des jaunes. Verse les jaunes un par un dans la casserole en remuant. Laisse refroidir puis place ce mélange au réfrigérateur pendant trois heures.

4 Mets le cacao dans une assiette. Avec une petite cuillère, fais des boules dans ta pâte au chocolat et roule-les dans la poudre. Mets tes truffes au frais.

La tarte aux abricots

Pour 6 personnes

1 *rouleau de pâte feuilletée*
500 g *d'abricots*
1 *œuf*
1 *verre de lait*
2 *sachets de sucre vanillé*

1 Lave les abricots à l'eau froide. Essuie-les. Coupe-les en deux et enlève le noyau.

2 Casse l'œuf dans un bol. Bats-le avec une fourchette. Ajoute le sucre et le lait. Mélange bien.

3 Étale la pâte dans un moule à tarte. Pose les moitiés d'abricot sur la pâte, la peau vers le haut.

4 Recouvre avec la crème. Mets au four, à 220 °C (th. 7) pendant 35 minutes. Sers chaud ou froid.

Le truc en plus

Pour éviter que la pâte devienne molle à cause du jus des fruits, saupoudre-la avec une cuillerée à soupe de semoule avant de poser les abricots.

Les pommes au four

Pour 3 personnes

3 *belles pommes*
3 *tranches de pain*
4 *cuillerées à soupe de beurre mou*
3 *cuillerées à soupe de sucre*
3 *pincées de cannelle*

1 Allume le four à 180 °C (th. 5). Lave les pommes et évide-les : enlève le trognon avec un épluche-légume.

2 Beurre un moule à gâteau. Pose les tranches de pain au fond du moule. Pose une pomme sur chaque tranche.

3 Remplis le trou des pommes avec une cuillerée de sucre, une cuillerée de beurre, une pincée de cannelle.

4 Mets le plat au four pendant 30 minutes. Déguste les pommes bien chaudes !

La charlotte à l'ananas

Pour 6 personnes

Se prépare la veille

1 *moule à charlotte de taille moyenne*

24 *biscuits à la cuillère*

1 *boîte moyenne d'ananas au sirop*

8 *petits-suisses*

1 *poignée de raisins secs*

Le truc en plus

Un gâteau exquis à décorer avec des fruits confits.

1 Ouvre la boîte d'ananas. Mets le sirop dans un bol. Coupe les rondelles d'ananas en petits morceaux.

2 Trempe les biscuits à la cuillère dans le sirop d'ananas, puis dispose-les au fond et sur les parois du moule à charlotte.

3 Enlève les petits-suisses de leurs pots et égoutte-les entre tes doigts au-dessus de l'évier. Mets-les dans un bol.

4 Remplis le moule presque à ras bord en alternant une couche de petits-suisses, une d'ananas, une de raisins secs.

5 Finis avec des biscuits trempés dans le sirop. Pose une assiette sur le moule. Garde au frais pendant huit heures. Démoule ton gâteau.

Les profiteroles

Pour 4 personnes

12 *petits choux pâtissiers vides*
1/2 l *de glace à la vanille*
la sauce délicieuse (page 90)

1 Fends chaque petit chou pâtissier en deux à l'aide d'un couteau.

2 Fais une boule de glace avec une cuillère. Glisse la glace dans un chou. Fais la même chose pour les autres choux.

3 Dispose tes choux sur une jolie assiette. Mets au réfrigérateur.

4 Prépare ta sauce au chocolat (page 90). Verse-la chaude sur les choux.

Le crumble aux pommes

Pour 6 personnes

5 *grosses pommes*
125 g *de beurre*
125 g *de farine*
125 g *de sucre roux*
1 *pot de crème fraîche*
du sel

Le truc en plus
Tu peux aussi utiliser des poires, des abricots, des fruits rouges…

1 Épluche les pommes et coupe-les en petits dés. Beurre un plat qui va au four et tapisse le fond avec les pommes. Allume le four à 220 °C (th. 7).

2 Fais ramollir le beurre. Mélange la farine, le sucre et une pincée de sel avec le beurre. Pétris la pâte en laissant des petits grumeaux.

3 Saupoudre la pâte au-dessus des pommes jusqu'à ce qu'elle les recouvre complètement.

4 Mets le plat au four environ 20 minutes. Le gratin est cuit quand la pâte forme une croûte bien dorée. Sers le gratin tiède, avec de la crème fraîche.

La glace rose

Pour 4 personnes

250 g *de fraises*
100 g *de framboises*
1 *yaourt nature*
4 *cuillerées à soupe de crème fraîche*
1/2 *citron*
2 *cuillerées à soupe de sucre en poudre*
1 *sachet de sucre vanillé*

1 Passe les fruits (frais ou surgelés) à la moulinette au-dessus d'un saladier. Ajoute les sucres et le jus du demi-citron. Mélange bien.

2 Bats la crème fraîche avec un fouet électrique jusqu'à ce qu'elle devienne bien ferme : c'est de la crème fouettée.

3 Ajoute le yaourt, puis la crème dans le saladier. Mélange bien. Verse la mousse dans des coupes individuelles.

4 Mets les coupes deux heures au congélateur. Puis remue la mousse avec une fourchette. Remets une heure au congélateur.

Les bouchées aux noix

Pour environ 20 bouchées

100 g *de chocolat*
100 g *de cerneaux de noix*
2 *cuillerées à soupe de chocolat en poudre*
de l'eau

1 Casse les carrés de chocolat dans une petite casserole. Ajoute un peu d'eau. Pose une feuille de papier d'aluminium sur une planche à découper.

2 Mets de l'eau au fond d'une grande casserole. Fais-la chauffer puis pose la petite casserole dedans pour faire fondre doucement le chocolat.

3 Retire la casserole de l'eau quand le chocolat est fondu. Pose les noix sur une fourchette et plonge-les dans le chocolat. Pose-les sur le papier d'aluminium.

4 Laisse reposer les bouchées quelques heures. Puis roule-les dans le chocolat en poudre.

Le truc en plus

Tu peux remplacer les noix par des amandes émondées.

Les roses des sables

Pour environ 20 roses

200 g *de chocolat noir en tablette*
80 g *de pétales de maïs (céréales)*

1 Casse le chocolat en morceaux dans une casserole, ajoute une cuillerée d'eau et fais fondre à feu doux en tournant avec une cuillère en bois.

2 Enlève du feu. Verse les pétales de maïs dans la casserole et mélange doucement avec le chocolat fondu.

3 Recouvre une planche avec du papier d'aluminium. Forme des petits tas de pétales de la taille d'une bouchée, à l'aide de deux petites cuillères.

4 Mets la planche au réfrigérateur pendant une heure. En refroidissant, le chocolat durcit et colle les pétales.

Le truc en plus

Place les roses dans de petites barquettes en papier plissé que tu achètes au supermarché. Dispose-les sur un joli plat. C'est la fête!

Le gâteau au fromage blanc

Pour 8 personnes

6 *cuillerées à soupe de farine*
8 *cuillerées à soupe de sucre*
4 *œufs*
1 *citron*
1 kg *de fromage blanc*
(40% de matière grasse)

Le truc en plus

Pour donner un goût différent : fais tremper des raisins secs dans un bol d'eau tiède pendant trois heures, puis roule-les dans la farine avant de les ajouter au mélange.

1 Allume le four à 240 °C (th. 8). Il doit être très chaud quand tu y placeras le moule.

2 Dans un grand saladier, verse le fromage blanc égoutté. Casse les œufs et mélange-les au fromage blanc.

3 Ajoute le sucre et la farine. Mélange bien. Presse un citron et ajoute le jus au mélange.

4 Beurre un moule rond et verse le mélange dedans. Mets au four pendant 3/4 d'heure. Laisse refroidir.

La compote de poires

Pour 4 personnes

5 *poires bien fermes*
1/2 *verre de sucre roux*
1 *verre d'eau*
1 *gousse de vanille*

1 Épluche les poires. Coupe-les en quatre. Enlève le cœur et la tige de chaque morceau.

2 Mélange les poires, le sucre, la vanille et la moitié de l'eau dans une casserole. Couvre et fais cuire à feu doux.

3 Retourne de temps en temps les poires avec une spatule. Dès que le jus commence à caraméliser, ajoute le reste de l'eau.

4 Au bout d'une heure, retire ta compote du feu et déguste-la encore tiède.

Les sablés de Noël

Pour environ 25 sablés

1/2 *tasse de sucre en poudre*
2 *tasses et demie de farine*
du papier d'aluminium
225 g *de beurre ramolli*

Le truc en plus

Rajoute à la farine une petite cuillerée de cannelle pour parfumer tes sablés.

1 Mélange avec les doigts le beurre et le sucre jusqu'à ce qu'ils forment une crème mousseuse. Ajoute la farine. Pétris le mélange jusqu'à obtenir une pâte solide.

2 Étends la pâte jusqu'à ce qu'elle ait 1 cm d'épaisseur. Trace des rectangles d'une largeur de 2 cm avec un couteau. Pique la pâte avec une fourchette.

3 Pose la pâte sur une plaque de four recouverte de papier d'aluminium beurré. Saupoudre de sucre. Mets au four 20 minutes à 220 °C (th. 7).

4 Retire les sablés du four avant qu'ils brunissent. Laisse-les refroidir, puis sépare bien chaque petit rectangle.

La bûche du Père Noël

Pour 6 personnes
se prépare la veille

250 g *de crème de marrons*
200 g *de chocolat noir en tablette*
125 g *de beurre mou*
2 *cuillerées à soupe de sucre glace*

1 Fais fondre le chocolat une minute au micro-ondes. Tourne bien. Ajoute le beurre coupé en morceaux et mélange jusqu'à ce que le beurre soit fondu.

2 Ajoute la crème de marrons. Mélange bien. Tapisse un moule à cake avec du papier sulfurisé. Verse le mélange dedans. Mets une nuit au réfrigérateur.

3 Démoule la bûche sur un plat long. Enlève le papier. Lisse la bûche avec tes doigts pour l'arrondir. Dessine des traits dessus avec une fourchette.

4 Saupoudre la bûche avec du sucre glace pour faire la neige. Si tu veux faire une bûche couverte de neige, décore-la avec de la crème Chantilly en bombe.

La galette des rois

Pour 8 personnes

175 g *d'amandes en poudre*
150 g *de beurre bien mou*
140 g *de sucre*
1 *œuf*
1 *fève ou* **1** *haricot blanc*
2 *rouleaux de pâte feuilletée*

Le truc en plus

Pour parfumer ta galette, râpe la peau d'un demi-citron bien lavé et ajoute-la au mélange beurre-sucre-amandes.

1 Dans un saladier, écrase le beurre avec une fourchette. Mélange bien le sucre, le beurre, les amandes.

2 Pose un rond de pâte avec son papier sur la plaque du four. Étends le contenu du saladier au milieu de la pâte.

3 Couvre avec le deuxième rond de pâte. Glisse la fève. Ferme la galette en roulant un peu les bords.

4 Bats le jaune d'œuf et étale-le avec un pinceau. Fais cuire 30 minutes au four à 180/200 °C (th. 5-6). Déguste tiède !

Les jolis œufs en chocolat

Pour 4 personnes

4 *gros œufs*
2 *tablettes de chocolat à cuire*
4 *cuillerées à soupe d'eau*
4 *coquetiers*
du papier d'aluminium

1 Fais un petit trou en haut et un trou plus gros en bas de chaque œuf avec un couteau pointu. Vide les œufs dans un bol en soufflant par le petit trou.

2 Fais fondre le chocolat dans l'eau à feu doux. Tourne avec une cuillère en bois pour que le chocolat n'attache pas au fond de la casserole.

3 Pose les œufs dans les coquetiers, gros trou vers le haut. Fabrique un petit entonnoir avec du papier d'aluminium et glisse-le dans le trou.

4 Verse le chocolat dans l'entonnoir. Mets les coquetiers dans le réfrigérateur pendant au moins douze heures pour que le chocolat durcisse. Peins tes œufs pour les décorer !

La tarte à la citrouille

Pour 6 personnes

1 *rouleau de pâte brisée*
1/2 *verre de lait*
1/2 *verre de crème fraîche*
120 g *de sucre brun*
1 *cuillerée à café de cannelle*
500 g *de citrouille*
3 *œufs*

Le truc en plus

Mange ta tarte avec de la glace à la vanille, c'est délicieux !

1 Fais-toi aider pour enlever la peau de la citrouille. Coupe la chair en petits dés.

2 Mets les dés dans une casserole. Fais-les cuire à feu moyen avec un peu d'eau jusqu'à ce que le jus soit évaporé. Laisse refroidir.

3 Bats les œufs dans un saladier. Ajoute la citrouille, la cannelle, le sucre brun, le lait et la crème fraîche. Mélange.

4 Étale la pâte dans un moule. Verse le mélange dessus. Mets la tarte au four à 200 °C (th. 6) 40 minutes.

La potion chocolatée

Pour 4 personnes

__4__ barres de chocolat à cuire
__4__ tasses de lait
__4__ cuillerées à café de crème fraîche

1 Casse le chocolat en petits morceaux dans une casserole. Ajoute une cuillerée à soupe d'eau. Fais fondre à feu très doux.

2 Quand le chocolat est fondu, ajoute un peu de lait. Mélange bien avec un fouet.

3 Ajoute le lait demi-tasse par demi-tasse. Remue toujours. Attends que le lait se mélange bien avec le chocolat pour en rajouter.

4 Quand le lait chocolaté est bien chaud, enlève la petite peau sur le dessus. Ajoute la crème et mélange si tu veux.

Le truc en plus

À la place de la crème fraîche, tu peux mettre de la crème Chantilly en bombe, mais ne mélange pas.

Le pudding

Pour 4 personnes

1 *baguette de pain rassis*
4 *œufs*
125 g *de sucre en poudre*
1 *sachet de sucre vanillé*
1 *cuillerée à soupe de rhum*
1 *poignée de raisins secs*
1 l *de lait*

Le truc en plus

Tu peux ajouter à la pâte une pomme coupée en morceaux. Le pudding est un gâteau anglais. On prononce « pou-ding ».

1 Casse les œufs dans un saladier. Verse le sucre et le sucre vanillé, puis bats l'ensemble. Fais chauffer le lait dans une casserole, sans le laisser bouillir.

2 Verse doucement le lait dans le saladier et mélange au fur et à mesure. Ajoute le rhum et les raisins. Mélange bien.

3 Coupe la baguette en tranches et mets-les à ramollir dans la pâte. Laisse reposer 1/2 heure. Quand le pain a gonflé, écrase-le avec une fourchette.

4 Allume le four à 200 °C (th. 6). Beurre bien un plat à gratin. Verse la pâte dans le plat et saupoudre de sucre. Fais cuire à four chaud pendant 45 minutes.

Les rochers de l'ours

Pour environ 20 rochers

150 g *de chocolat noir*
2 *œufs*
60 *cerneaux de noix*
5 *cuillerées à soupe de sucre*

1 Râpe le chocolat dans un saladier. Mets les cerneaux de noix dans un torchon et écrase-les avec un rouleau à pâtisserie.

2 Casse les œufs. Sépare les blancs des jaunes. Bats les blancs en neige. Verse le sucre en pluie dessus et bats-les encore un peu.

3 Mélange les noix écrasées avec le chocolat râpé. Ajoute les blancs et mélange le tout délicatement. Huile une plaque de four.

4 Avec une cuillère à soupe, dispose de petits tas de pâte sur la plaque. Fais cuire 35 minutes au four, à 180/200 °C (th. 5/6).

Les pancakes

Pour environ 25 crêpes

250 g *de farine*
3 *œufs*
1 *pincée de sel*
60 g *de sucre*
1/4 l *de lait*
de l'huile

Le truc en plus

Mange les crêpes très chaudes avec du sirop d'érable, comme chez les Anglais, ou avec du miel.

1 Mélange la farine, le sucre et le sel dans un saladier. Casse les œufs dedans et commence à mélanger.

2 Ajoute le lait petit à petit en mélangeant bien pour former une pâte épaisse. Laisse reposer une heure au réfrigérateur.

3 Fais chauffer un peu d'huile dans une grande poêle. Forme des petites crêpes en versant la pâte dans la poêle avec une cuillère à soupe.

4 Fais cuire à feu vif. Retourne les crêpes avec une spatule quand de petits trous apparaissent sur le dessus.

La mousse de fraises

Pour 4 personnes

300 g *de fraises*
3 *œufs*
1 *verre de lait*
2 *cuillerées à café de Maïzéna*
2 *cuillerées à soupe de sucre*
1 *sachet de sucre vanillé*
du sel

1 Sépare les blancs et les jaunes des œufs. Bats les jaunes avec le sucre vanillé, le sucre et la Maïzéna dans un saladier jusqu'à ce que le mélange soit crémeux.

2 Fais chauffer le lait à feu doux. Verse-le dans le saladier et mélange. Puis remets le mélange dans la casserole et fais-le épaissir en remuant.

3 Retire la casserole du feu. Lave les fraises et enlève la queue. Mixe-les dans un saladier. Mélange-les au lait et aux œufs refroidis.

4 Ajoute le sel aux blancs et bats-les en neige. Mélange-les avec la crème aux fraises puis mets le saladier au réfrigérateur pendant deux heures.

Le choco fondant

Pour 6 personnes

100 g *de chocolat noir*
100 g *de beurre*
50 g *de farine*
150 g *de sucre*
3 *œufs*
1 *pincée de sel*
un peu d'huile

Le truc en plus

Garde quelques miettes de chocolat et ajoute-les au mélange juste avant de faire cuire : cela fera des pépites dans ton gâteau.

1 Casse le chocolat en morceaux dans une casserole. Fais fondre avec le beurre, à feu très doux. Retire la casserole du feu.

2 Laisse refroidir. Rajoute un par un tous les autres ingrédients et mélange jusqu'à obtenir une pâte lisse.

3 Mets l'huile au fond d'un moule à tarte. Étale-la avec un papier absorbant. Verse la pâte. Mets au four à 200 °C (th. 6) 20 minutes environ.

4 Sors le gâteau dès que le bord est cuit, même si le milieu est encore un peu mou, et laisse refroidir. C'est plus fondant !

L'omelette soufflée

Pour 4 personnes

4 *œufs*
2 *pommes*
4 *cuillerées à soupe de sucre*
4 *cuillerées à café de beurre*
1 *pincée de sel*

1 Casse les œufs et sépare les blancs des jaunes. Mélange les jaunes avec deux cuillerées à soupe de sucre. Mets le sel dans les blancs et bats-les en neige.

2 Ajoute les blancs en neige aux jaunes et mélange. Pèle les pommes. Découpe-les en quartiers puis découpe chaque quartier en tranches fines.

3 Dans une poêle, fais fondre le beurre à feu vif. Ajoute les pommes et le sucre qui reste. Laisse cuire 7 minutes en retournant les pommes de temps en temps.

4 Verse les œufs dans la poêle. Fais-les cuire en grattant de temps en temps le fond de la poêle. Quand il n'y a plus de liquide, plie l'omelette en deux et sers-la.

Le truc en plus

Ajoute deux cuillerées à café de cannelle en poudre aux œufs pour parfumer ton omelette.

Le pop-corn des artistes

Pour 6 cornets

150 g *de maïs à pop-corn*
1 *cuillerée à soupe d'huile*
du sel ou du sucre en poudre

1 Verse l'huile et le maïs dans une grande casserole. Mélange avec une cuillère en bois.

2 Pose un couvercle sur la casserole. Fais cuire à feu très doux. Attention ! Ne soulève pas le couvercle.

3 Éteins le feu. Soulève le couvercle seulement quand tu n'entends plus les grains de maïs éclater.

4 Verse le pop-corn dans un saladier et saupoudre-le de sel ou de sucre selon ton goût.

Le truc en plus

Fabrique des cornets en enroulant des feuilles de papier. Remplis les cornets de pop-corn et distribue-les.